This Coloring Book Belongs To :

Copyright © 2020 by My Dod

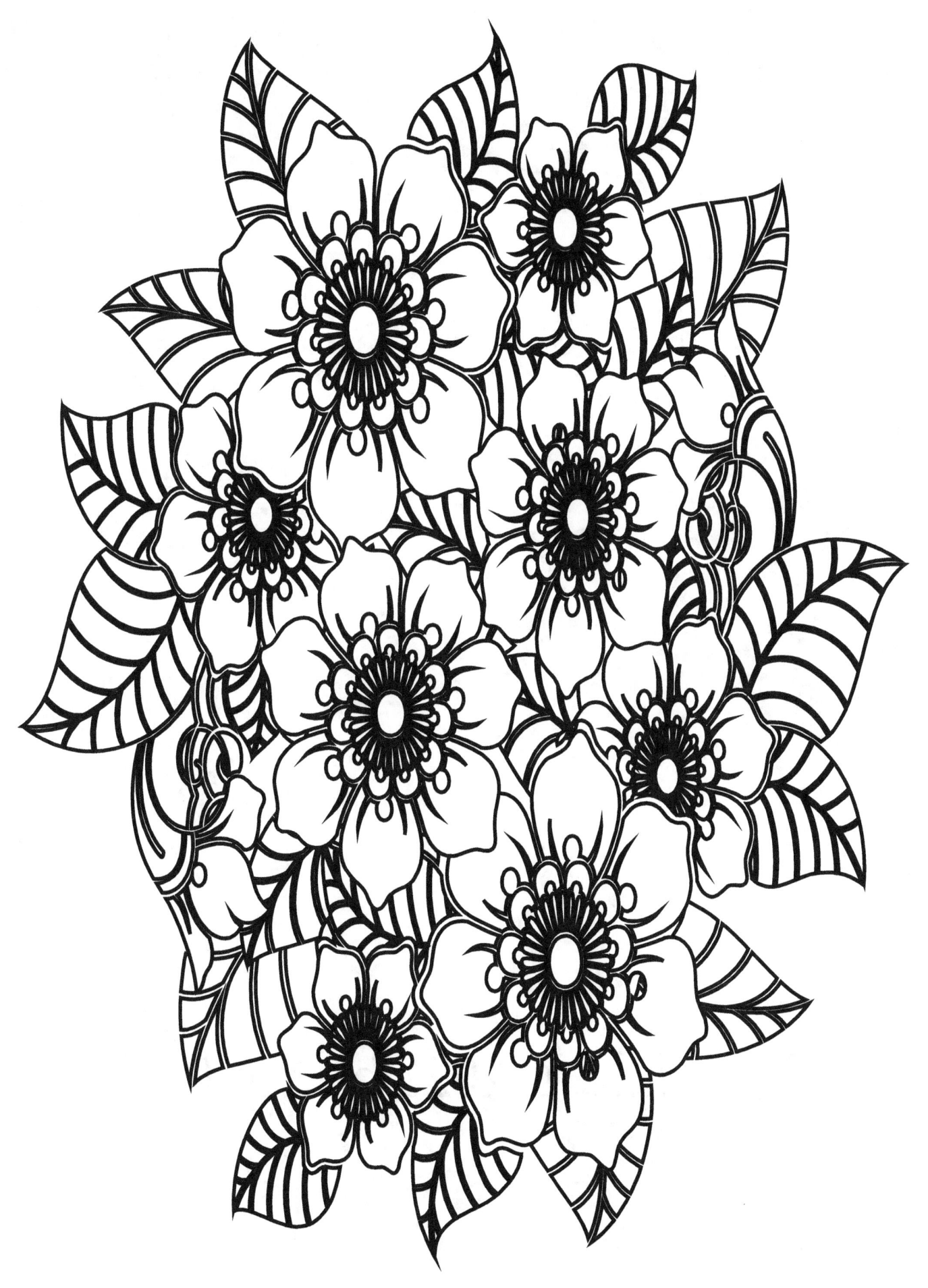

Copyright © 2020 by My Dod

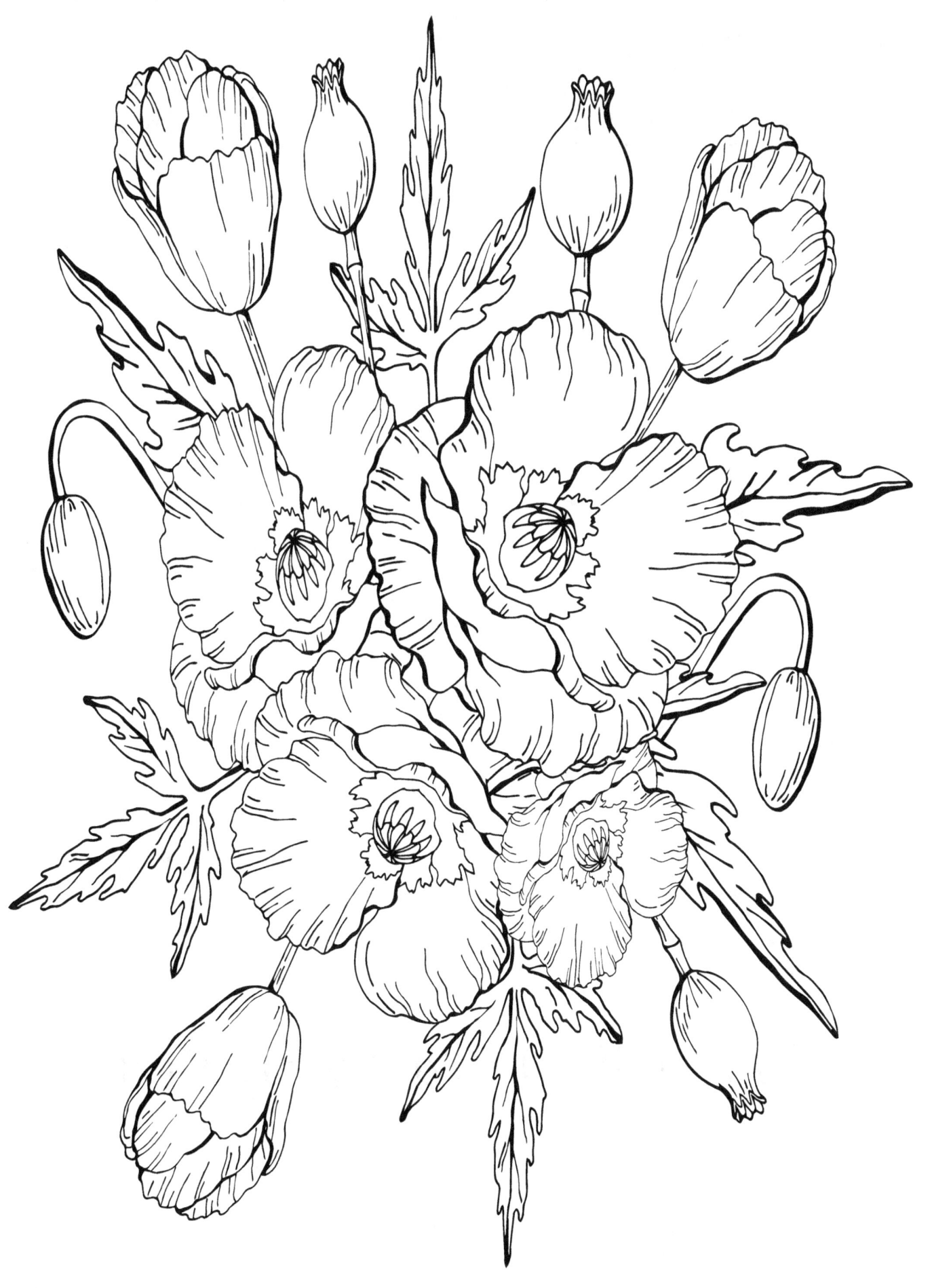

Copyright © 2020 by My Dod

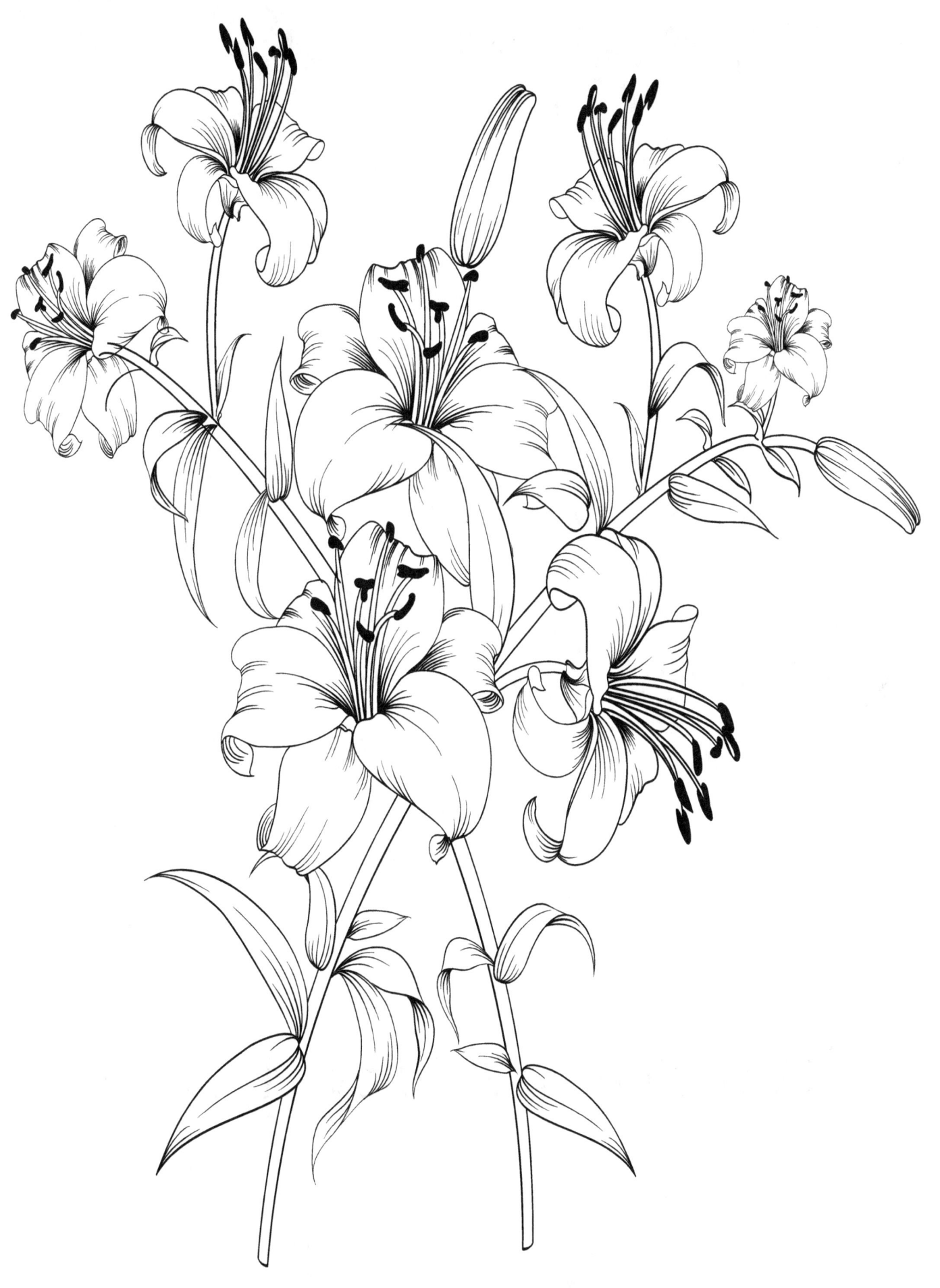

Copyright © 2020 by My Dod

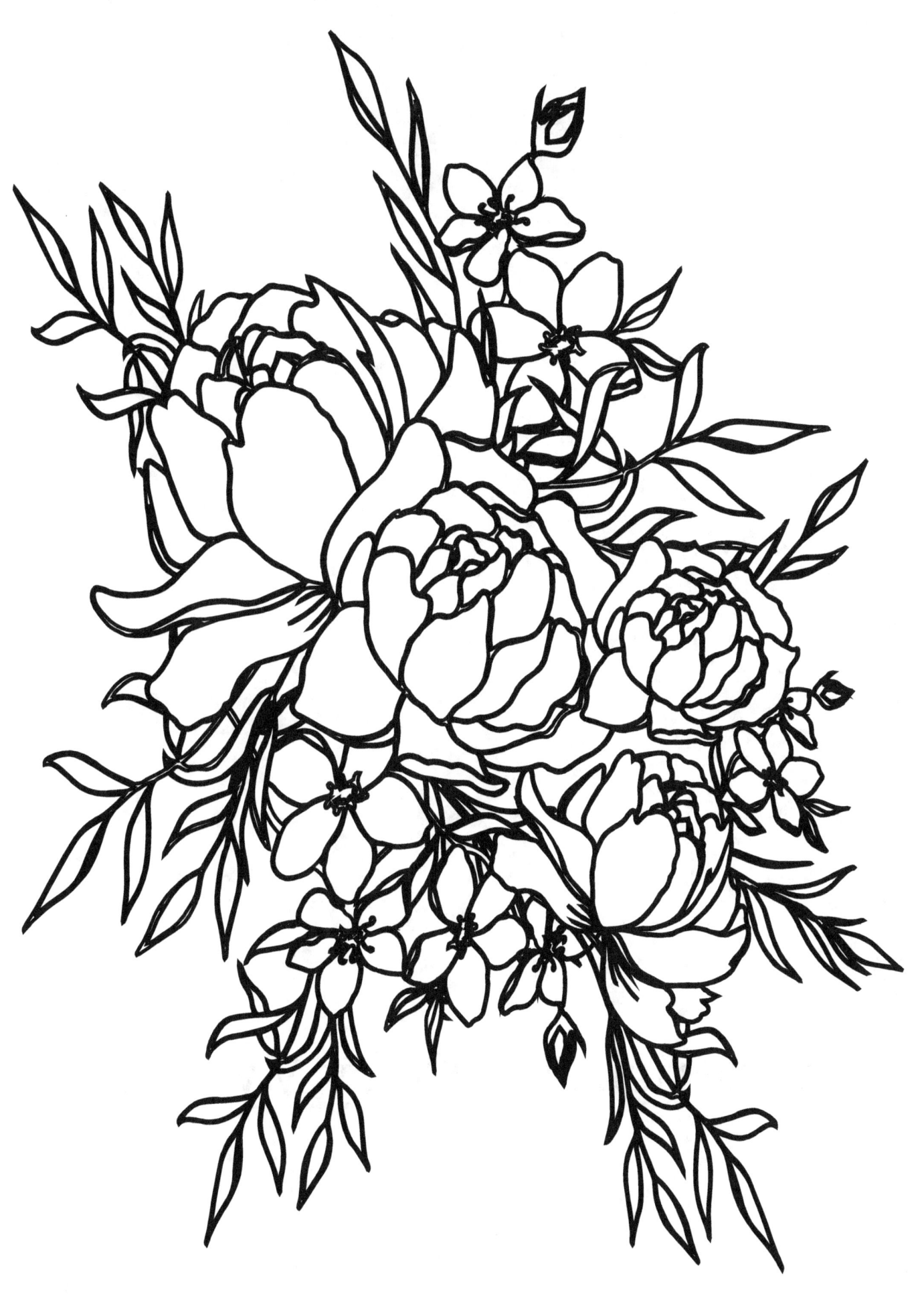

Copyright © 2020 by My Dod

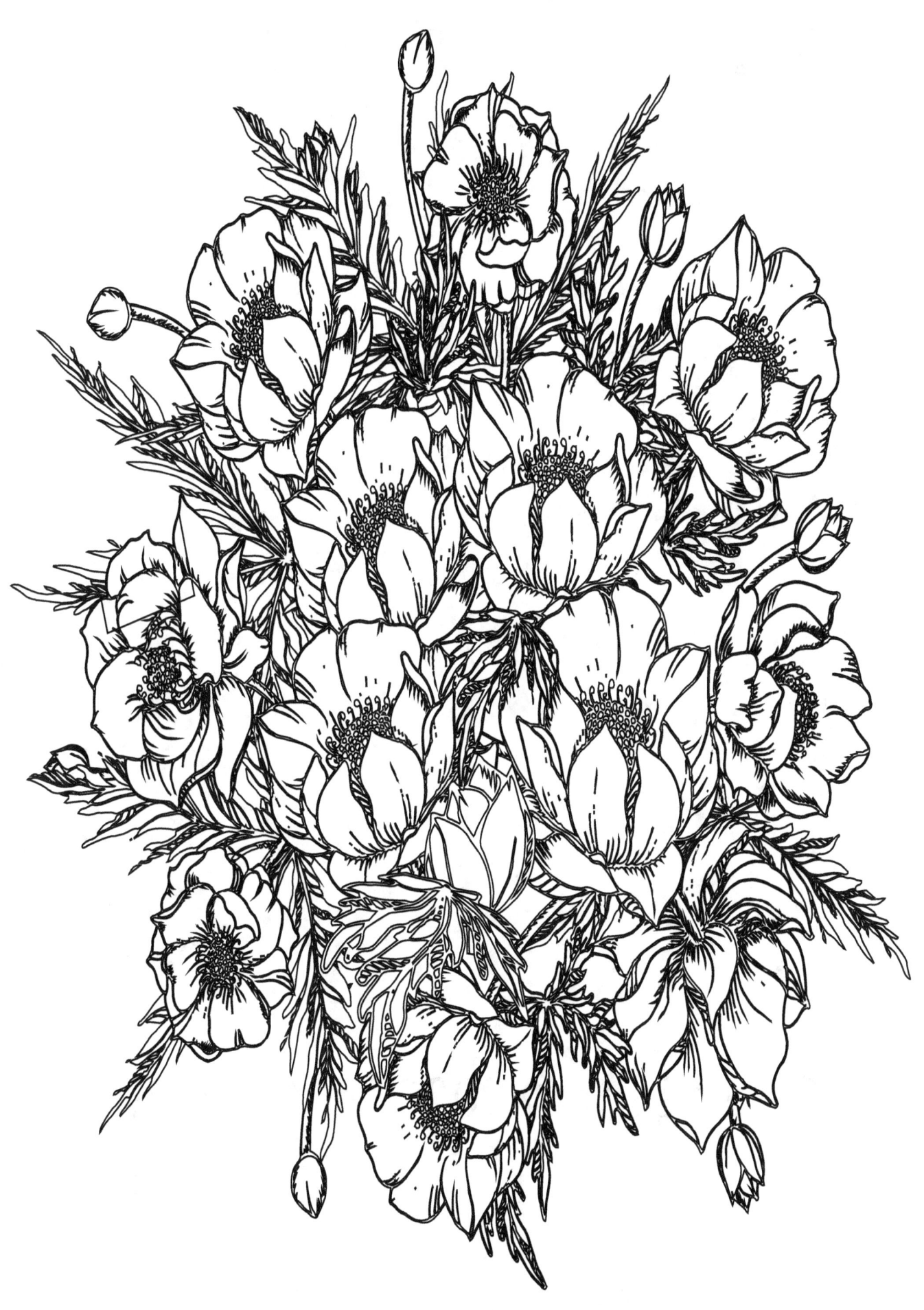

Copyright © 2020 by My Dod

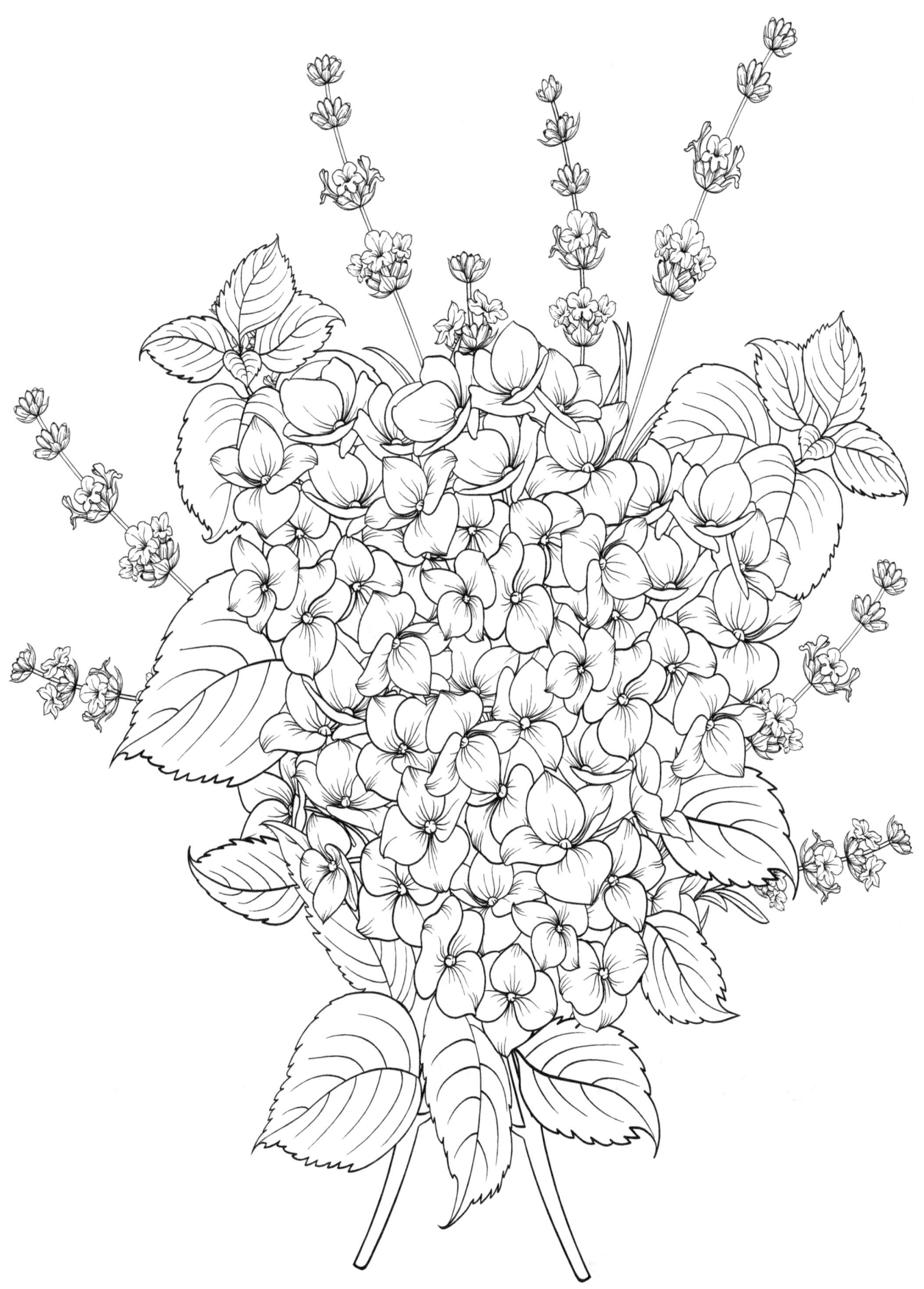

Copyright © 2020 by My Dod

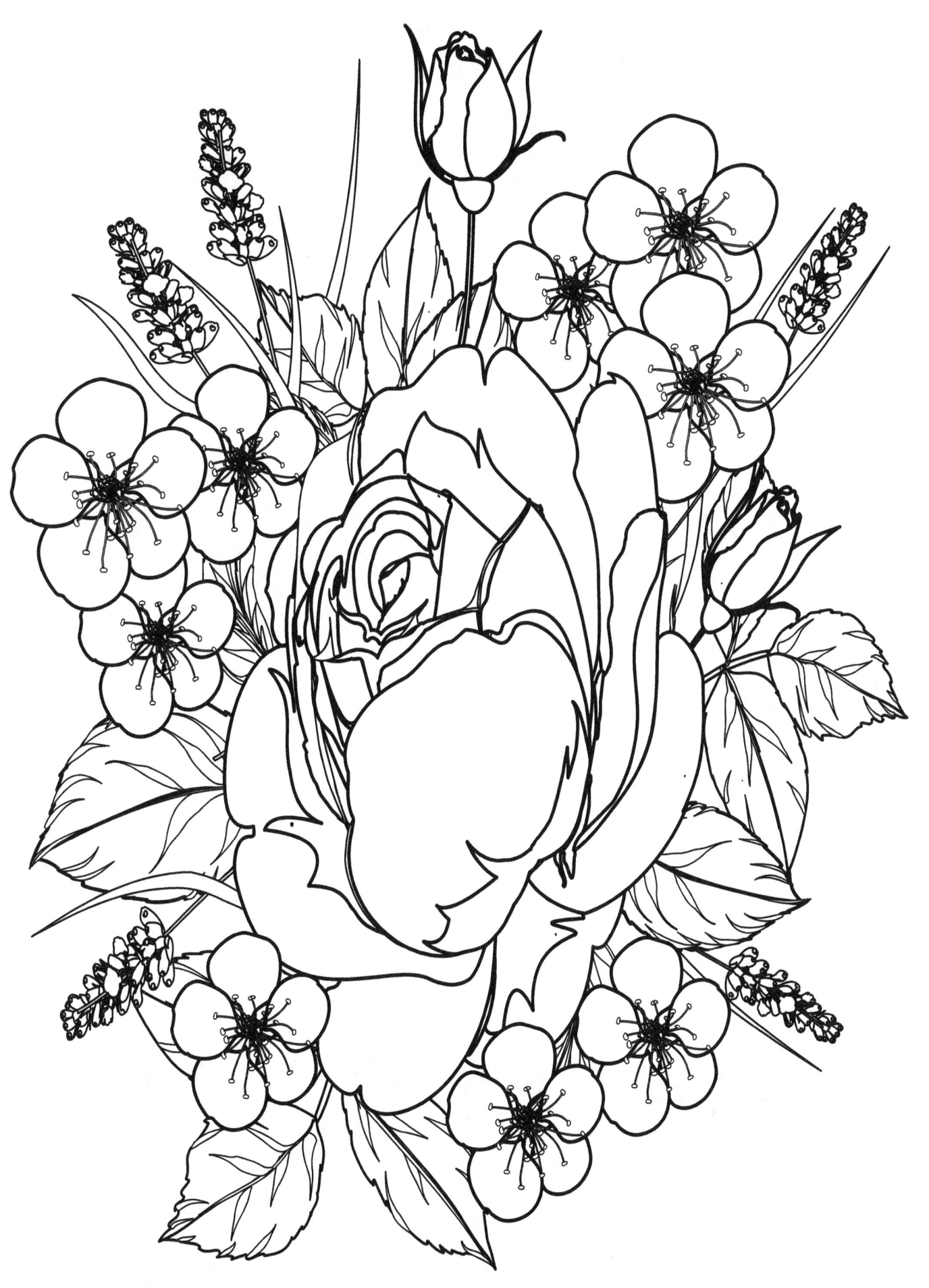

Copyright © 2020 by My Dod

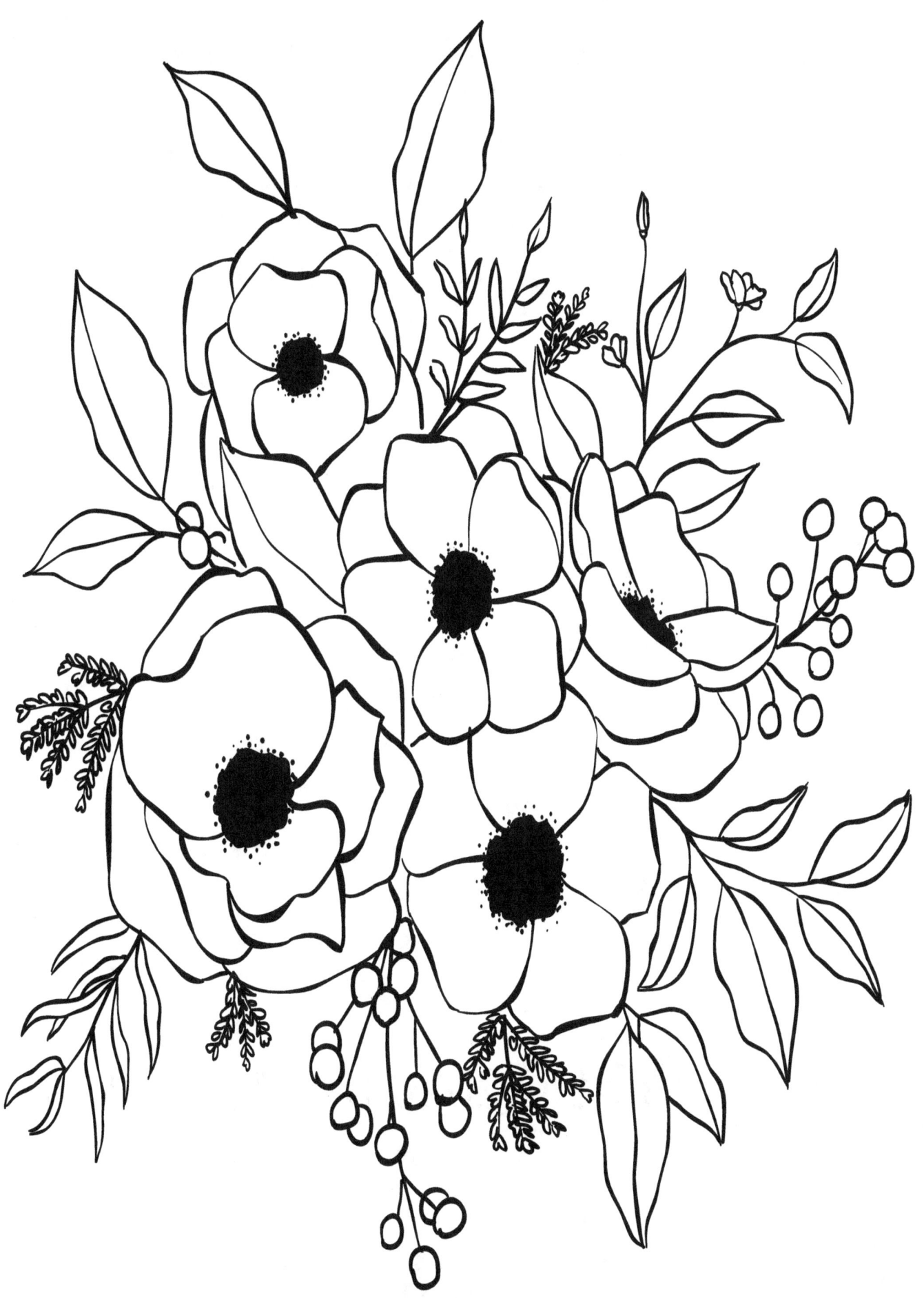

Copyright © 2020 by My Dod

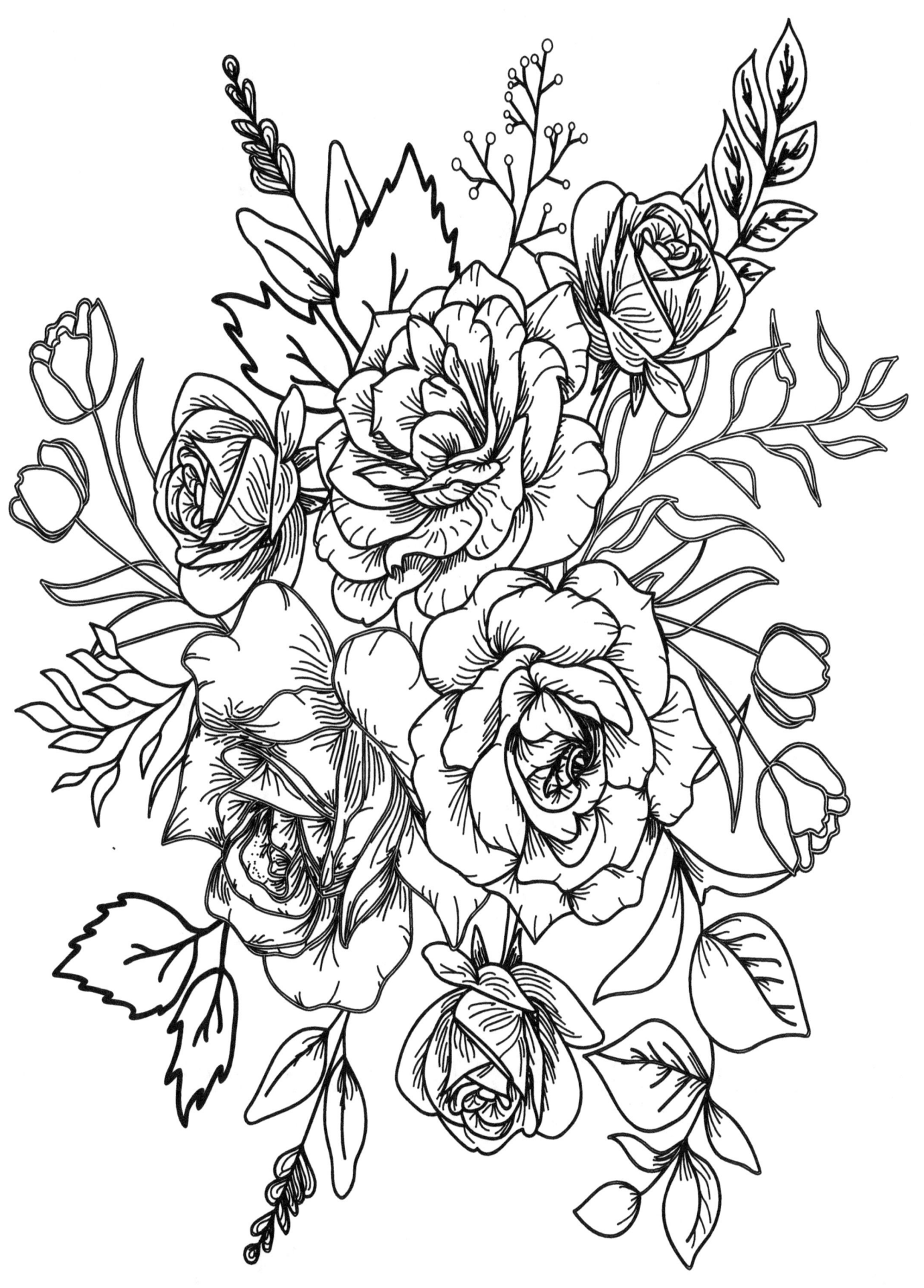

Copyright © 2020 by My Dod

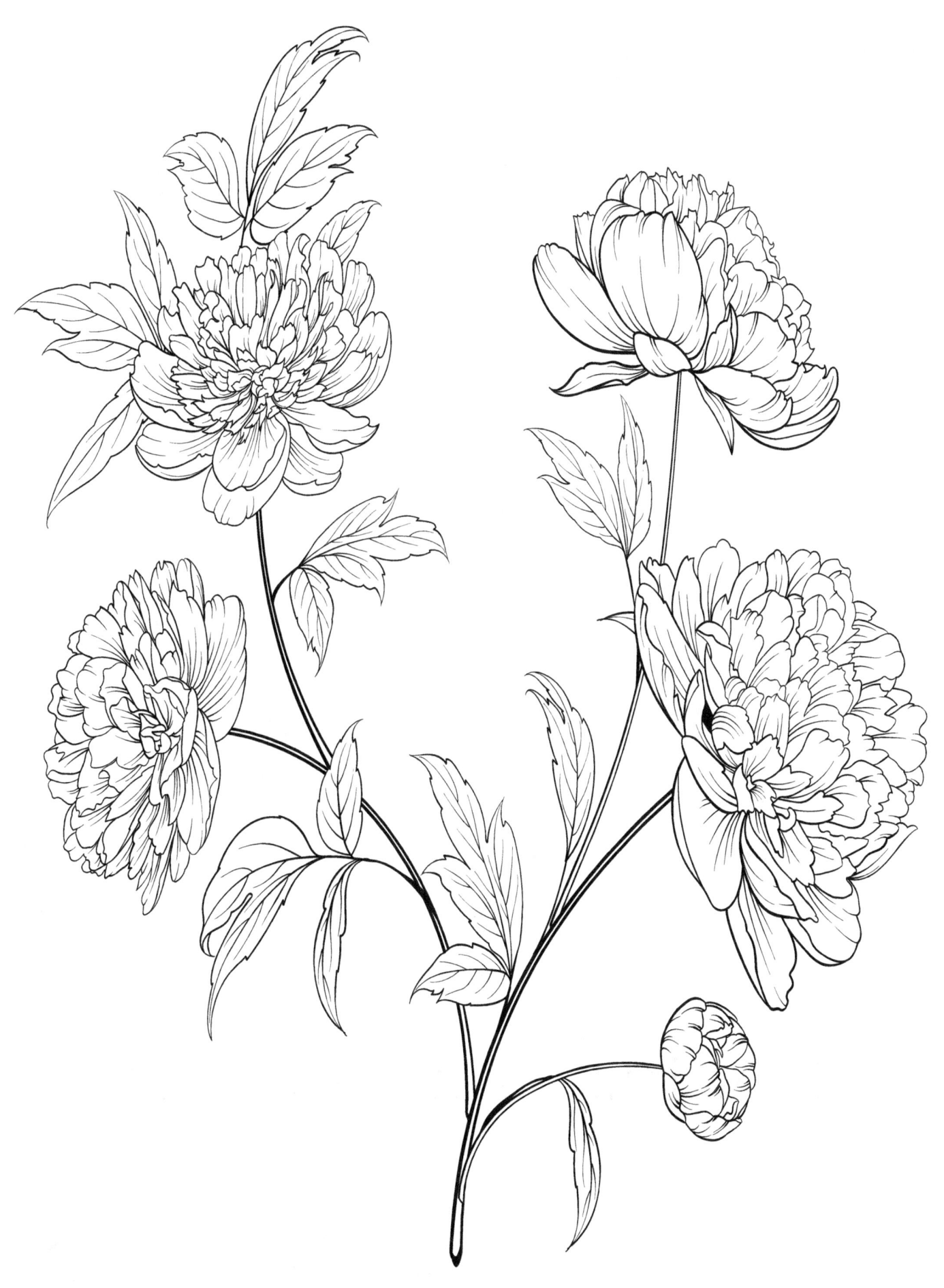

Copyright © 2020 by My Dod

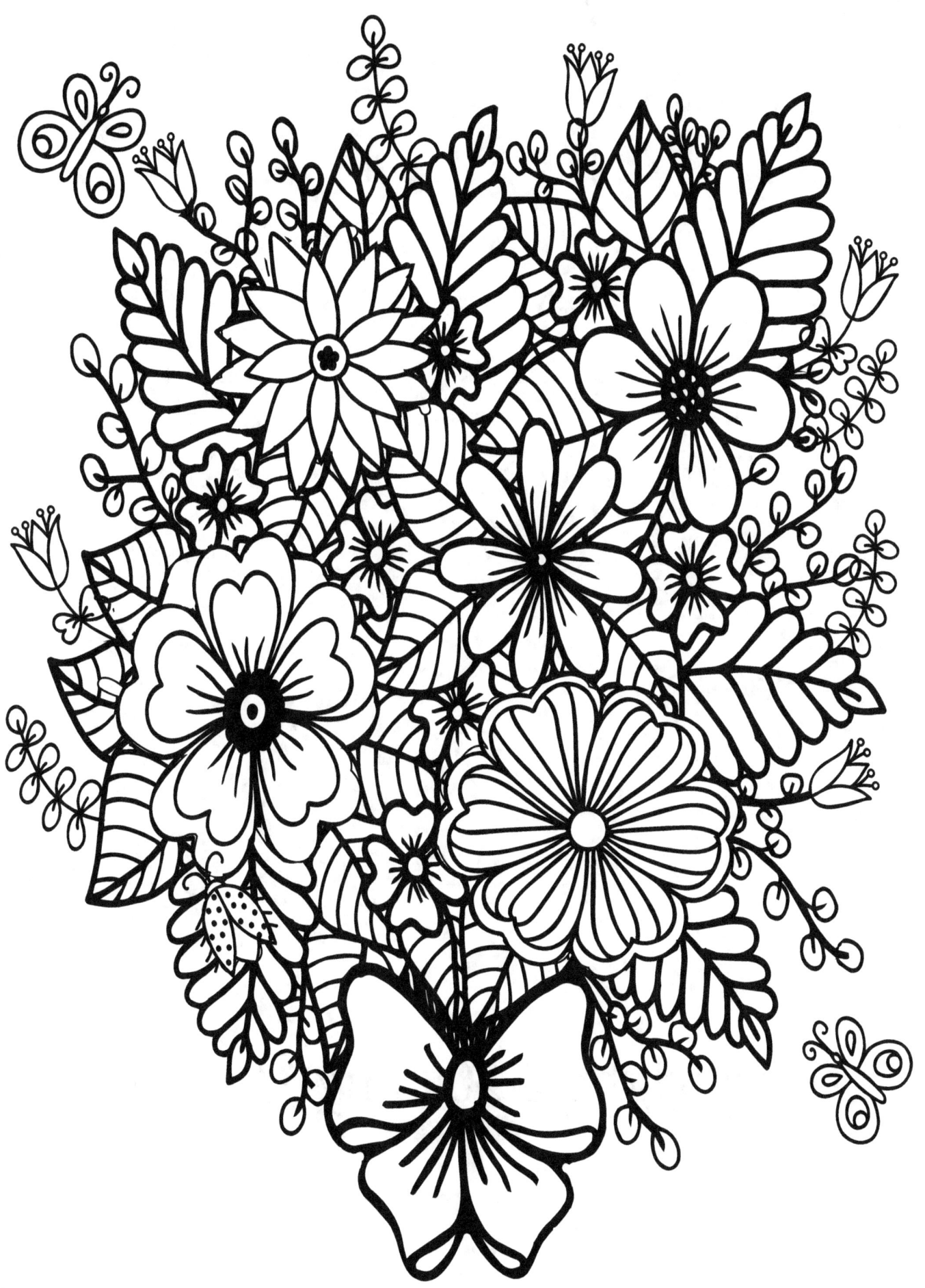

Copyright © 2020 by My Dod

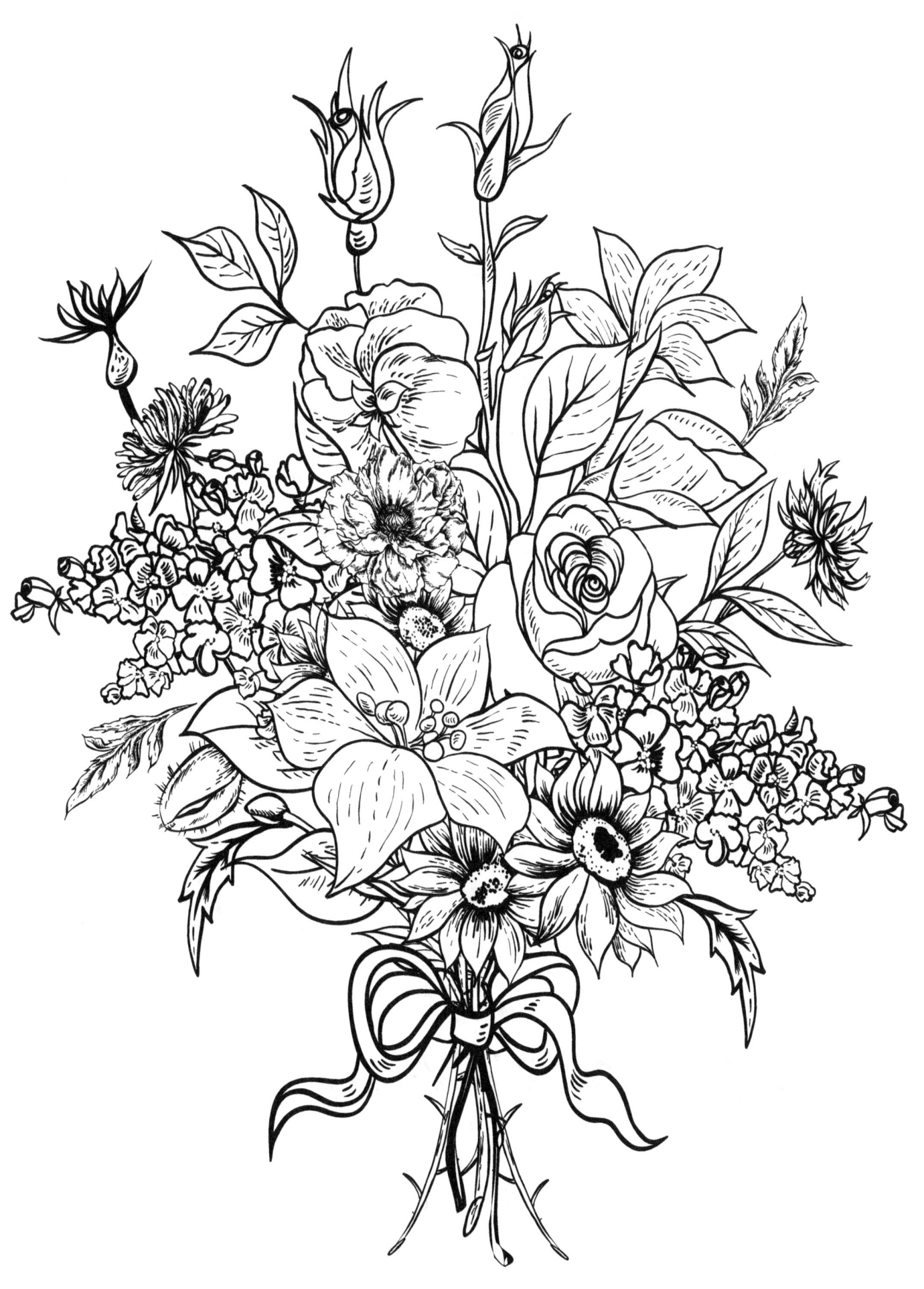

Copyright © 2020 by My Dod

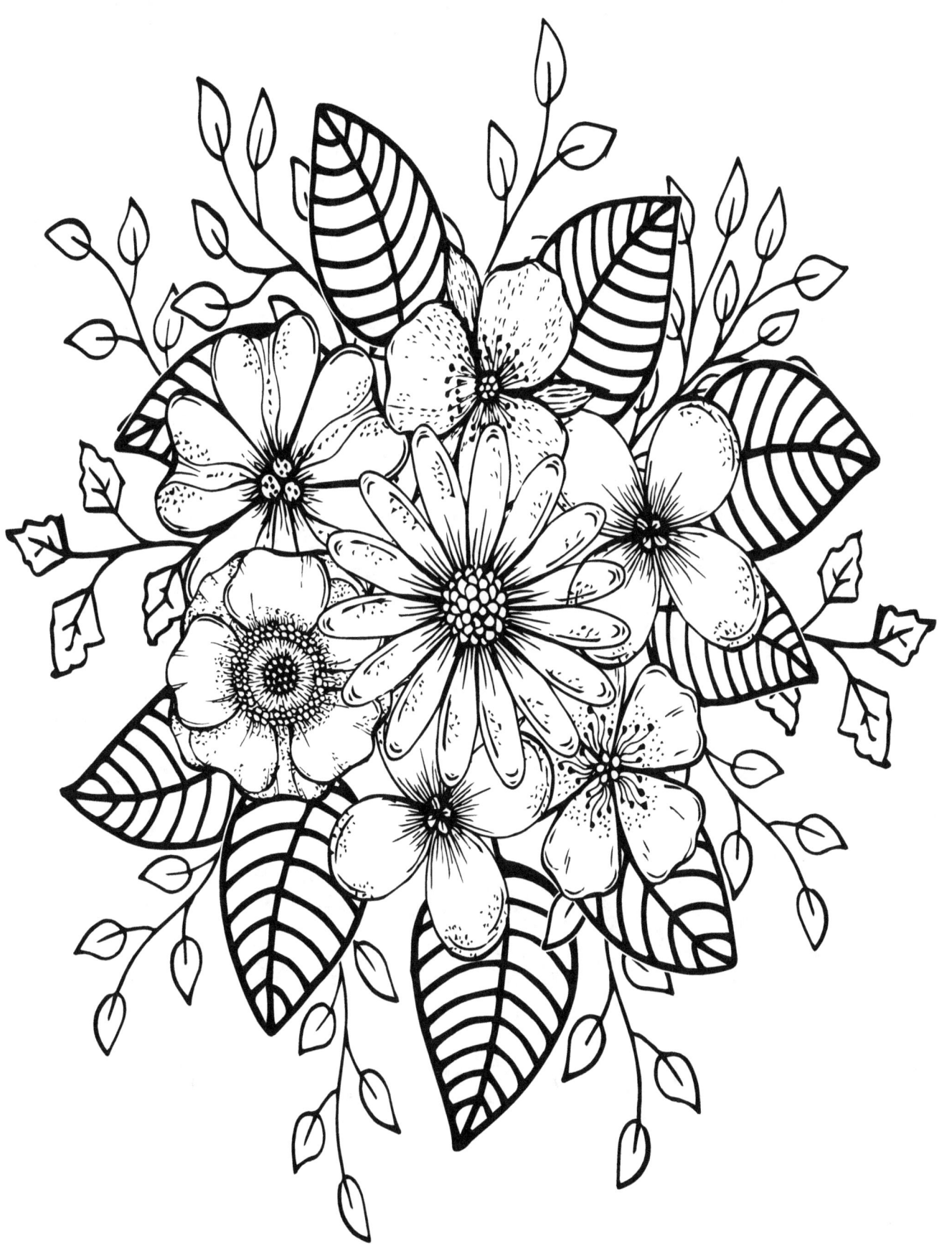

Copyright © 2020 by My Dod

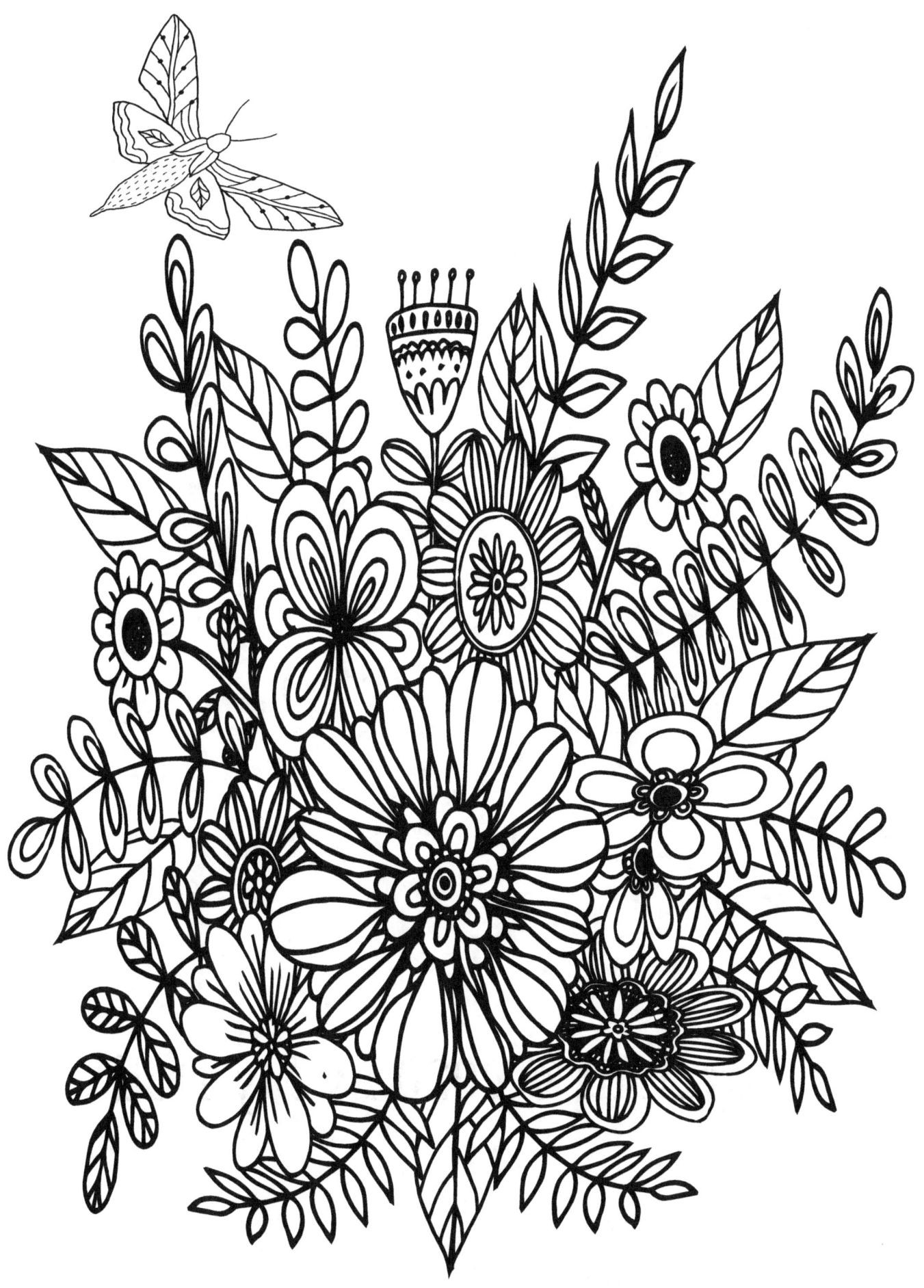

Copyright © 2020 by My Dod

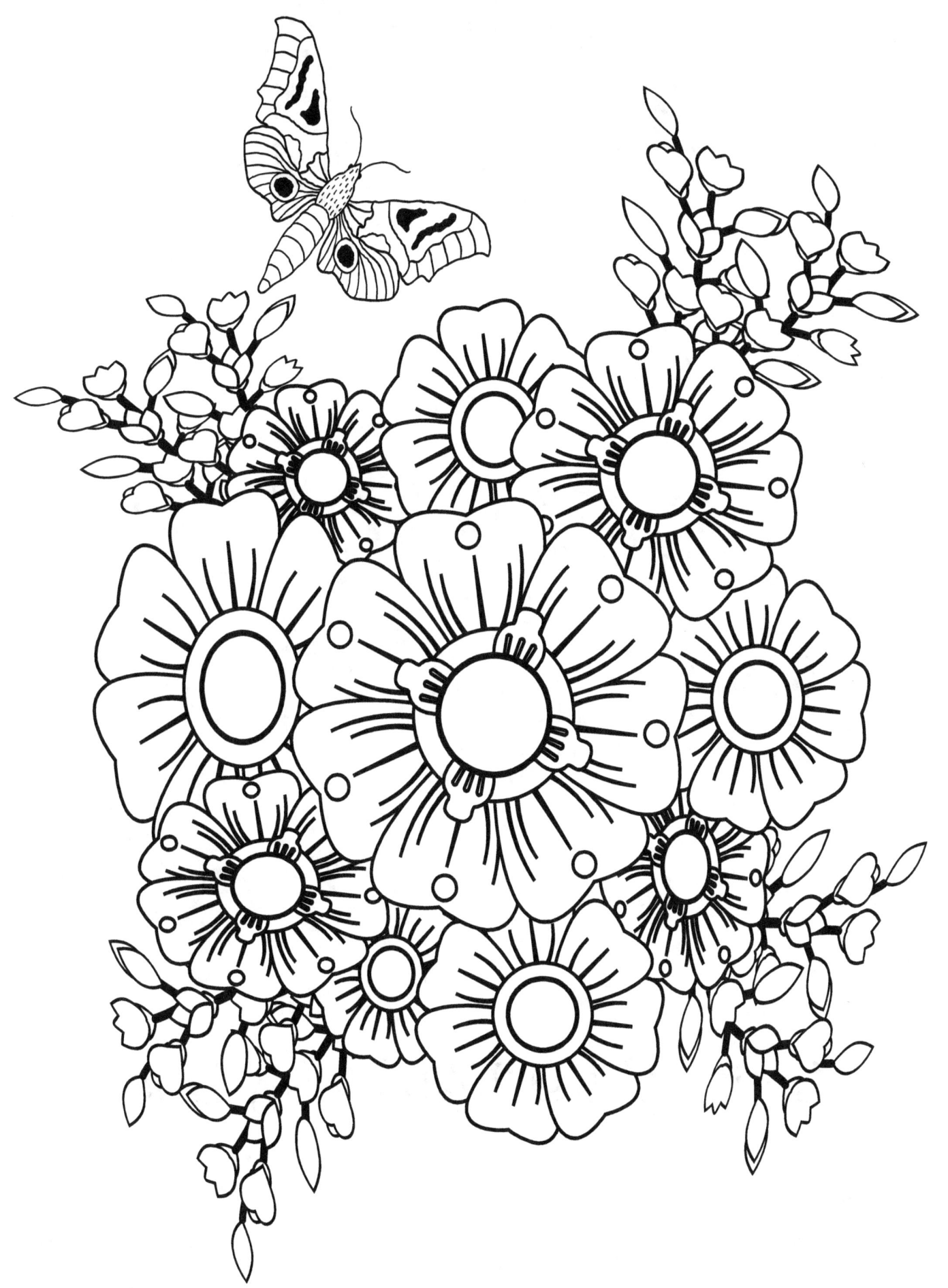

Copyright © 2020 by My Dod

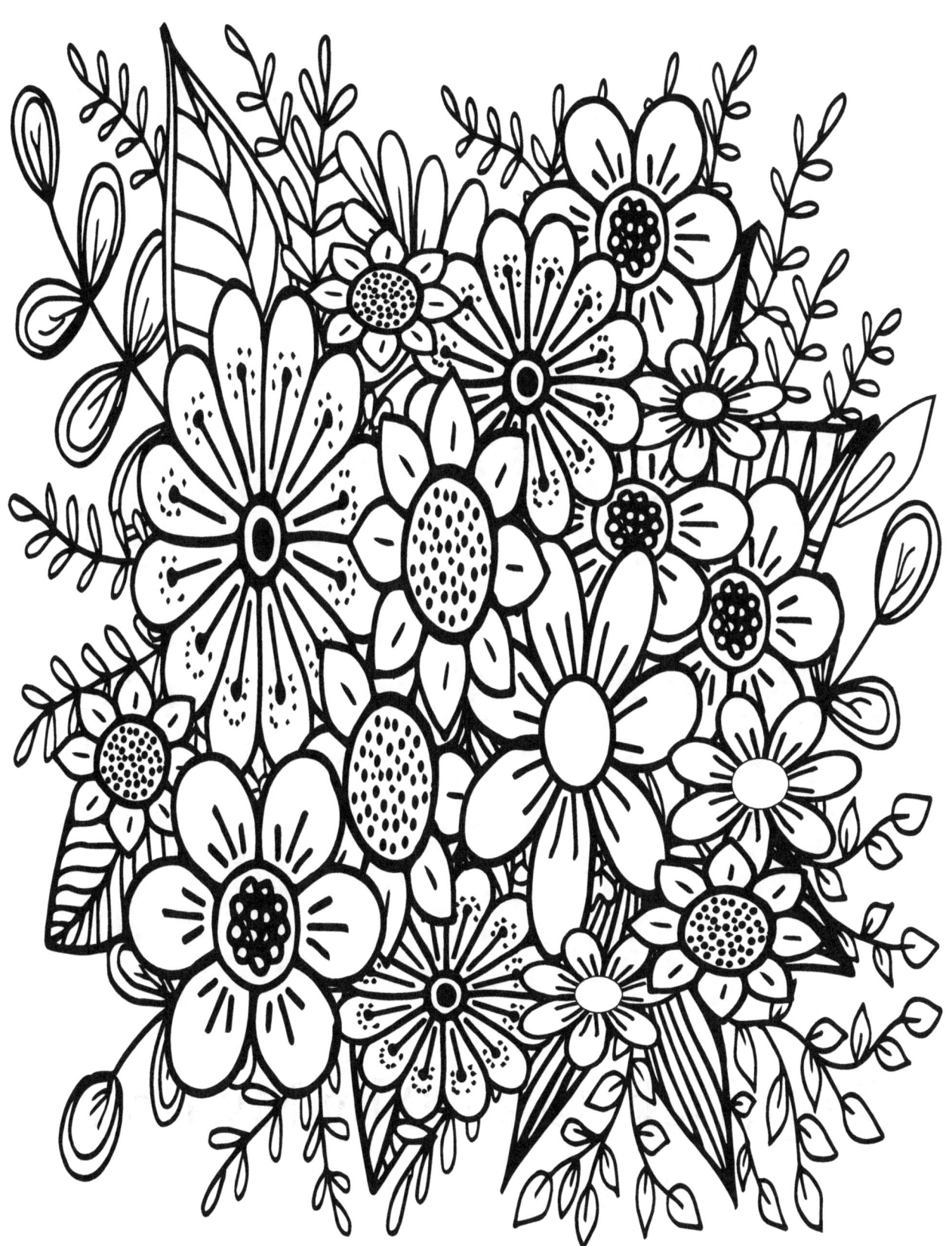

Copyright © 2020 by My Dod

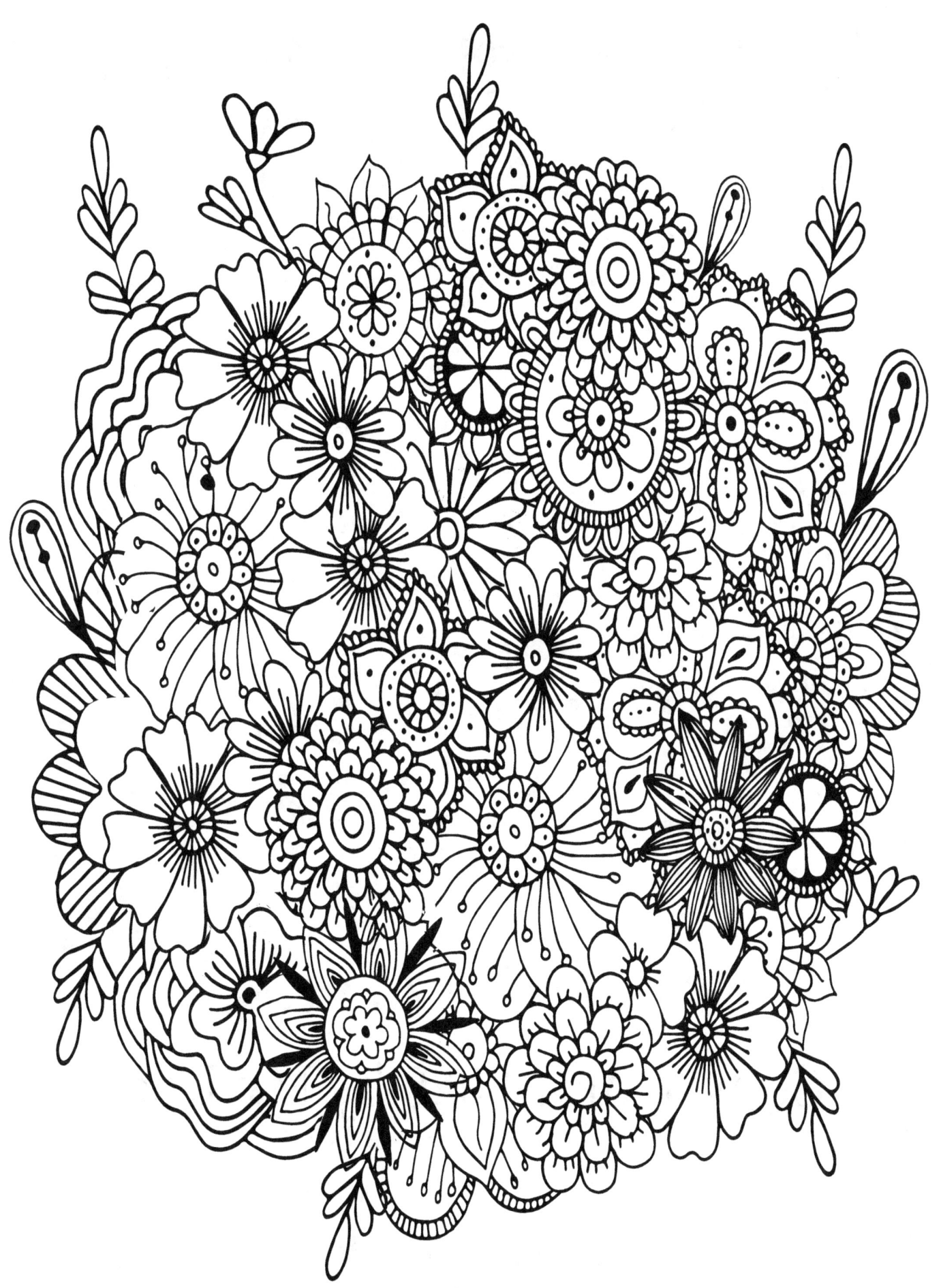

Copyright © 2020 by My Dod

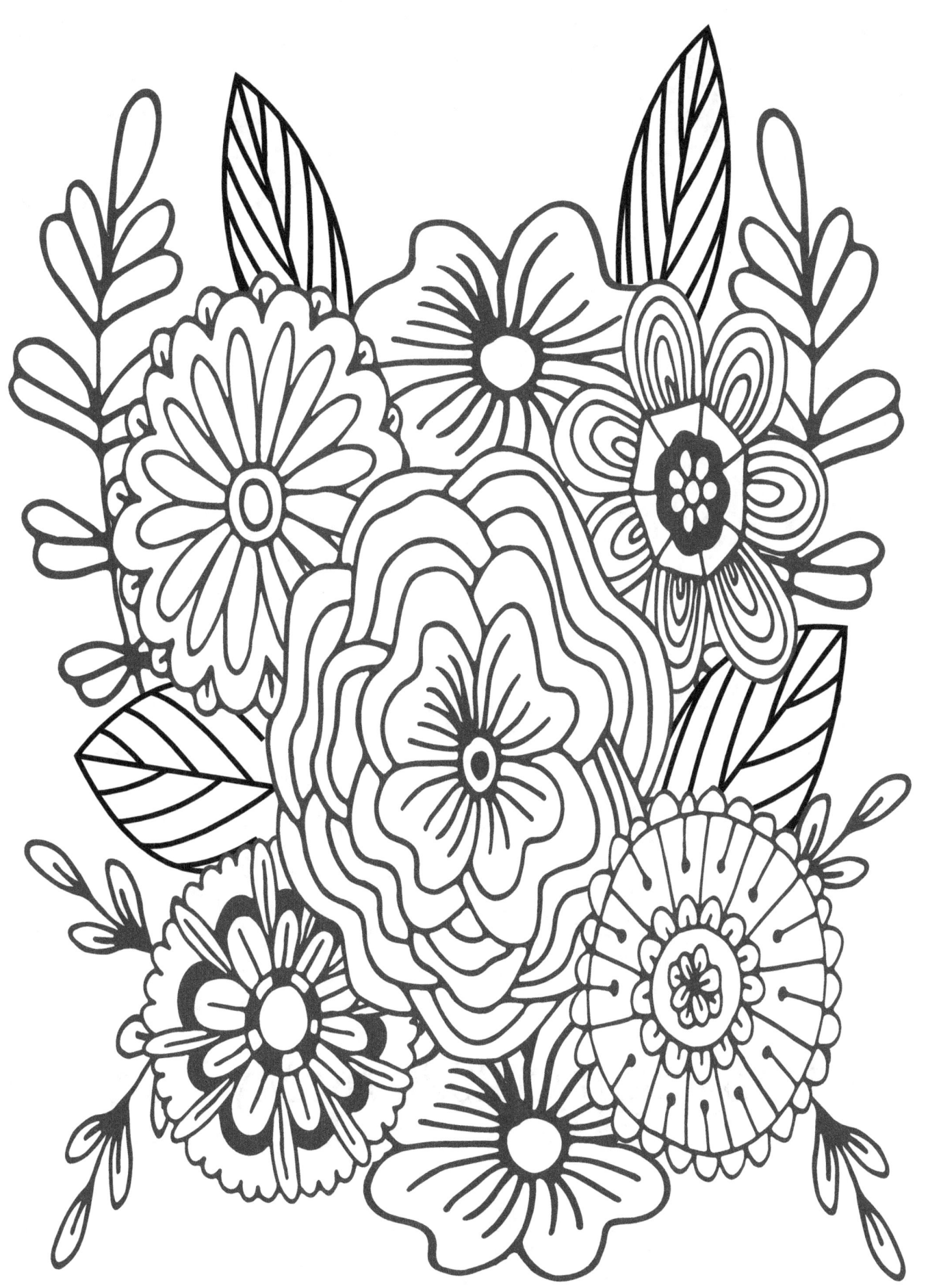

Copyright © 2020 by My Dod

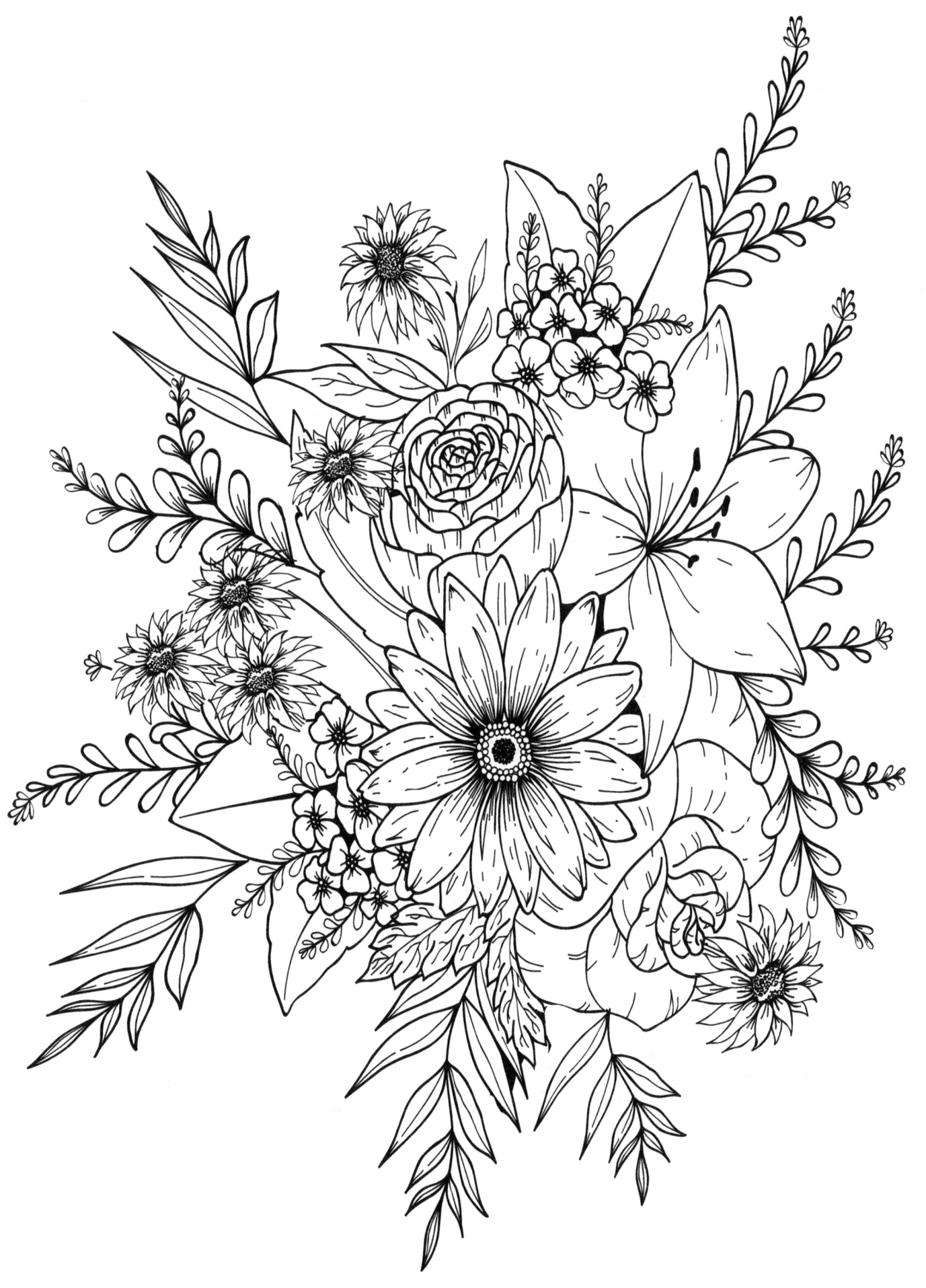

Copyright © 2020 by My Dod

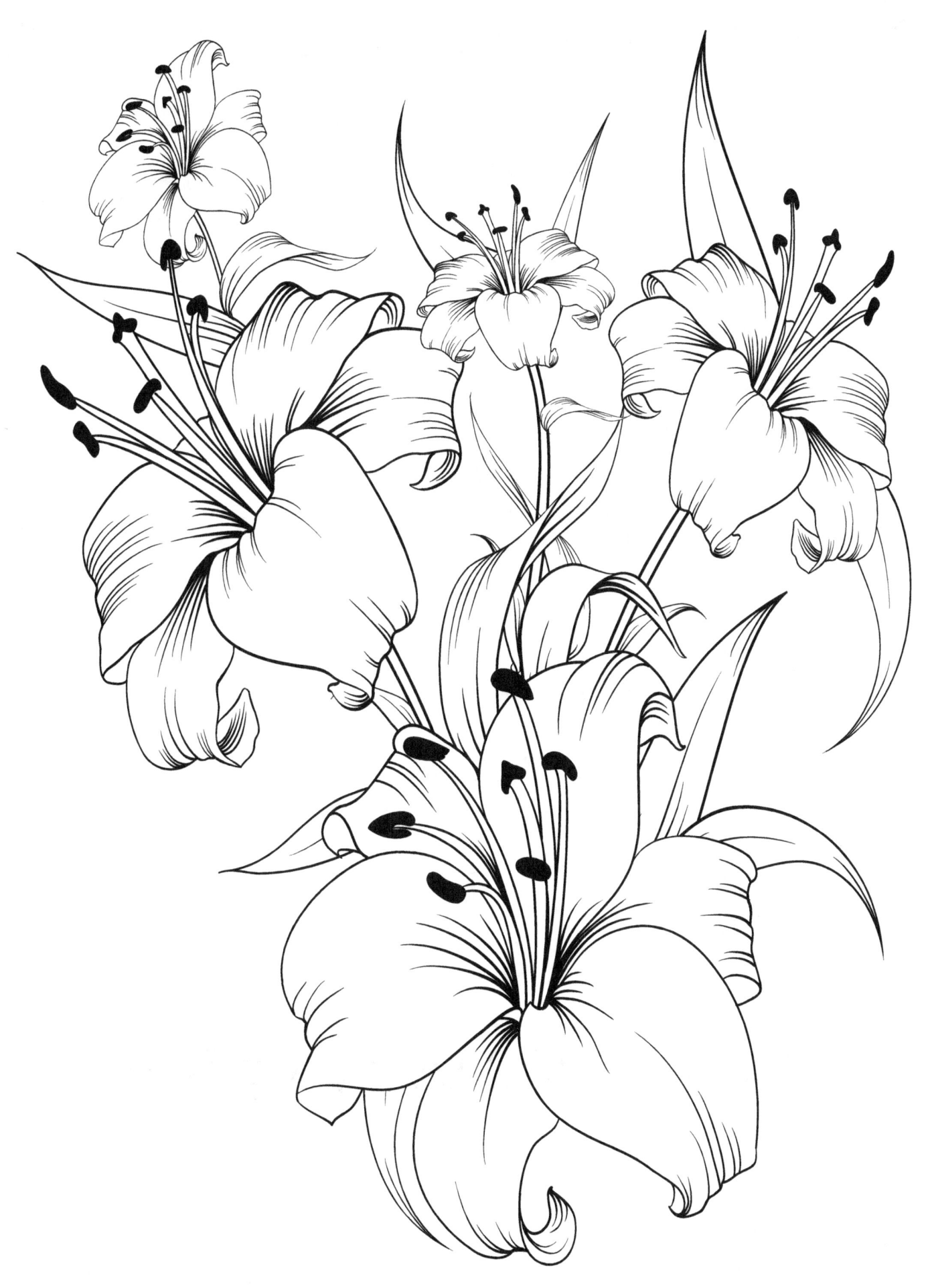

Copyright © 2020 by My Dod

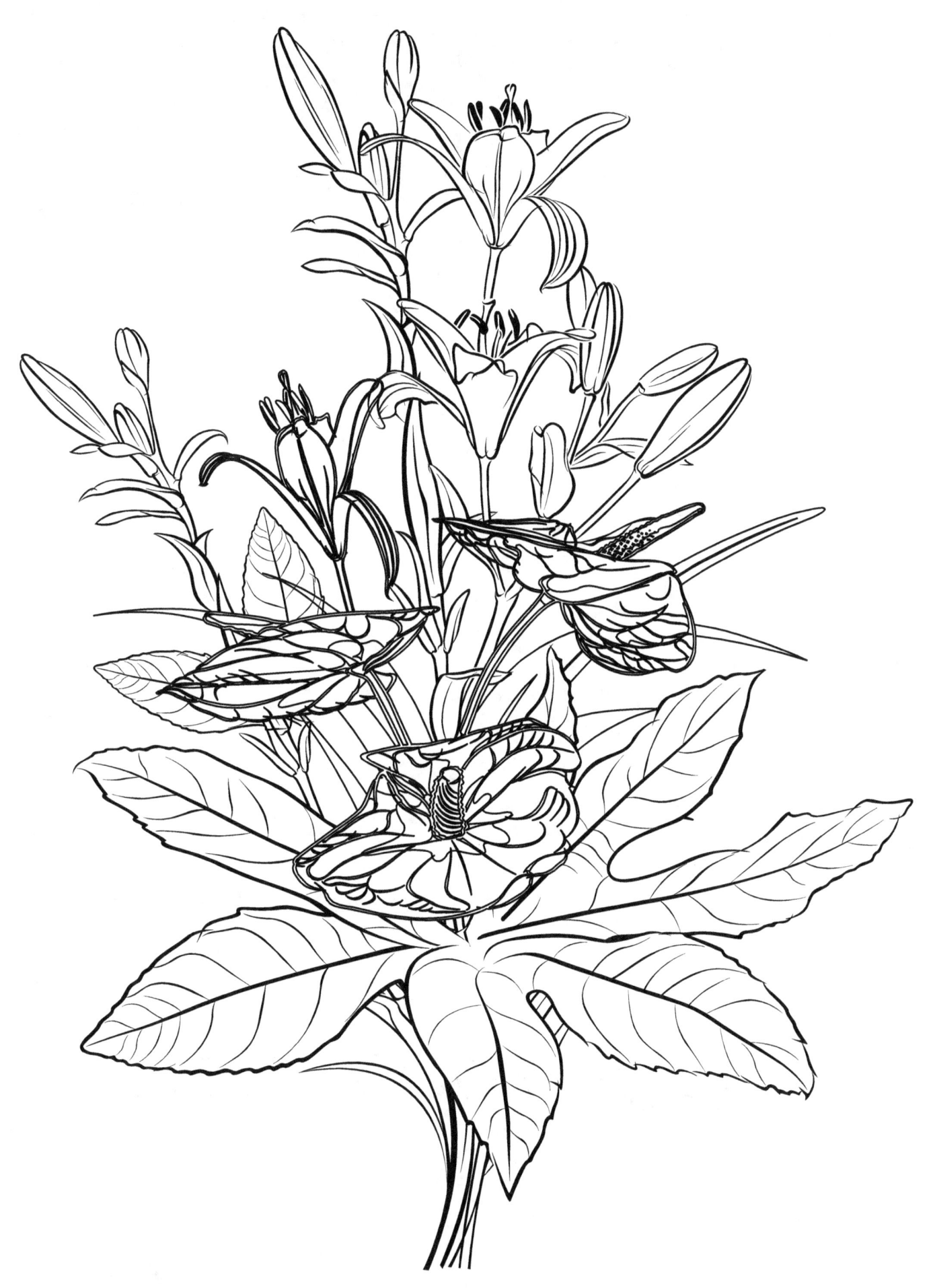

Copyright © 2020 by My Dod

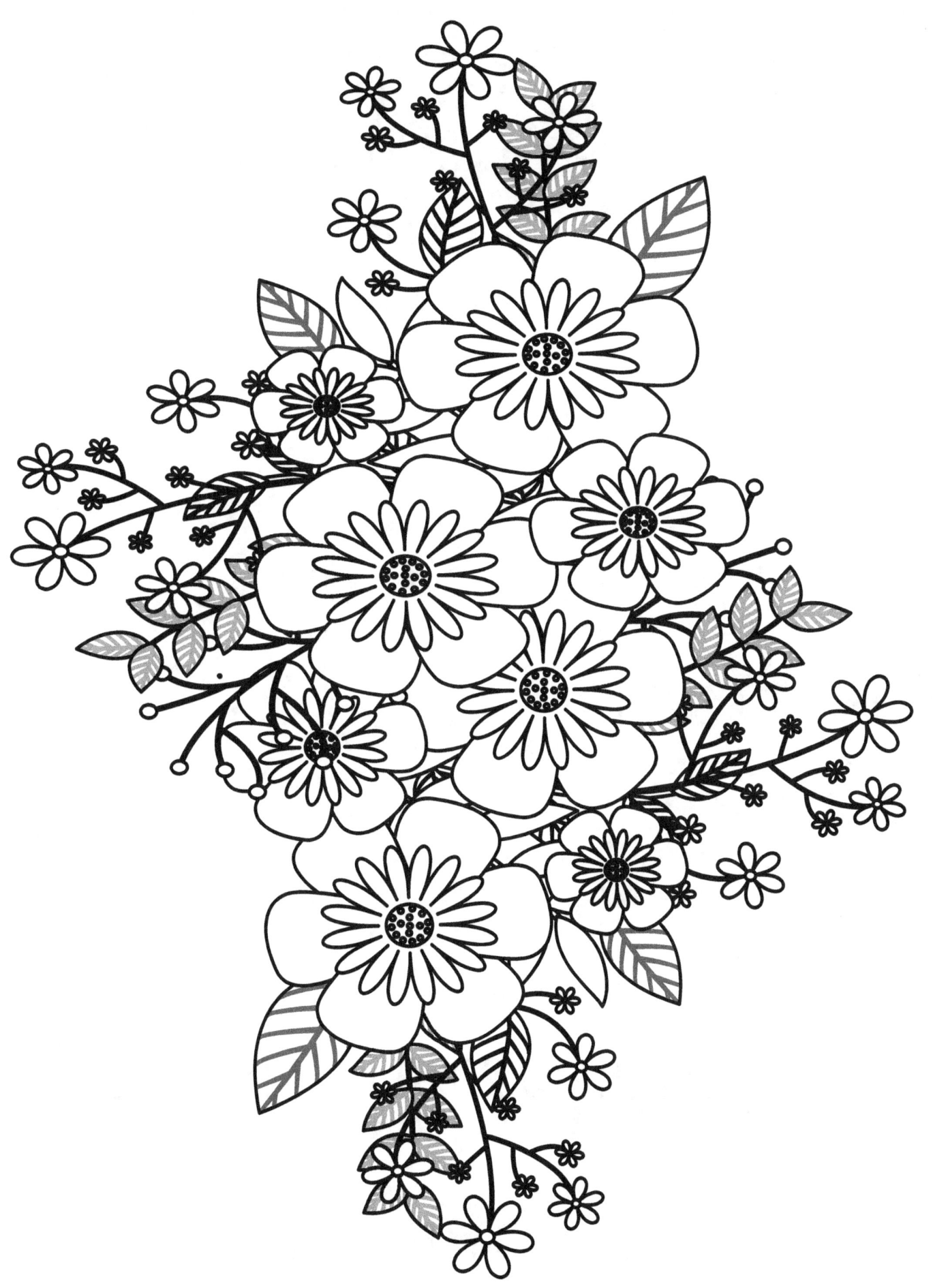

Copyright © 2020 by My Dod

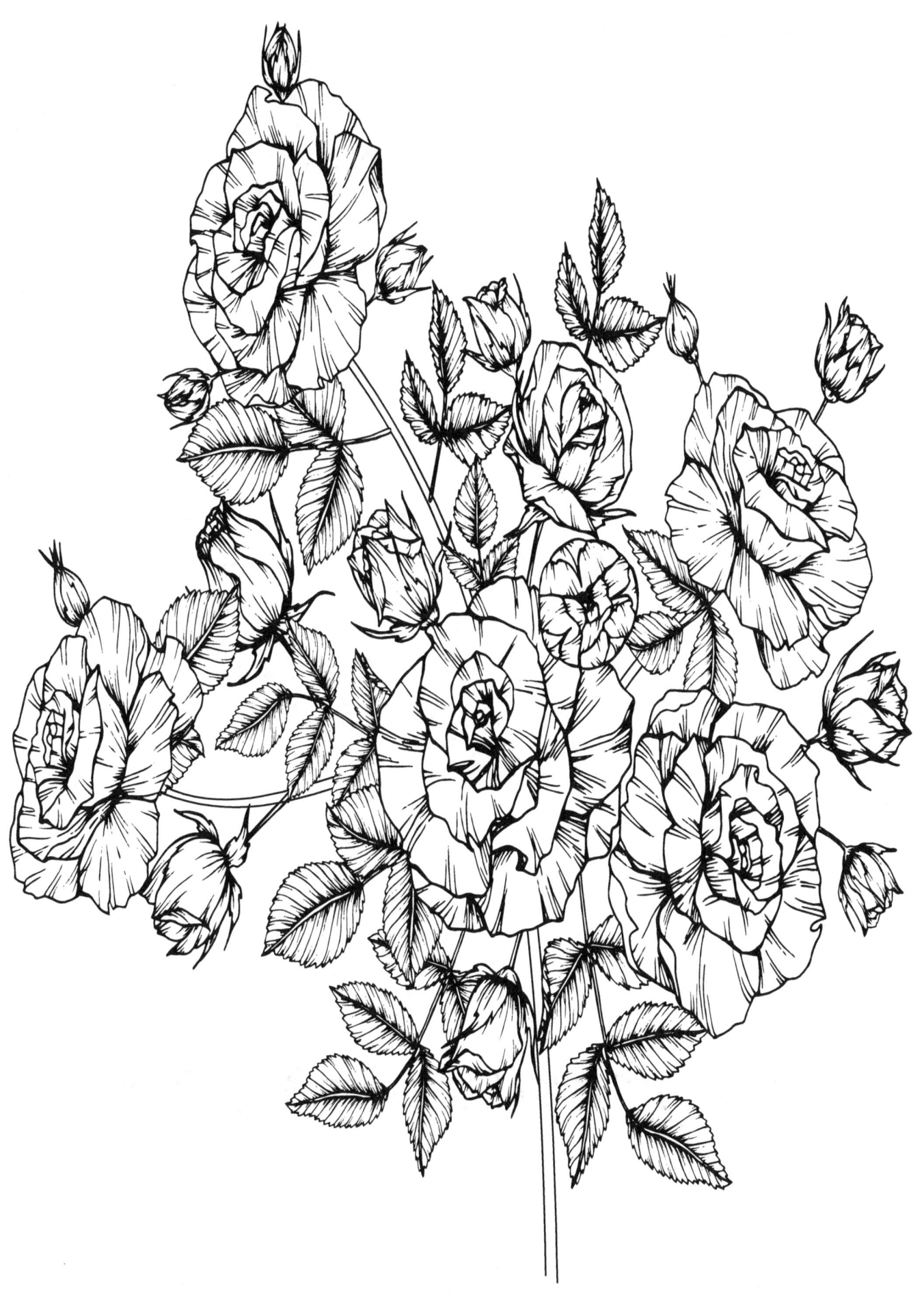

Copyright © 2020 by My Dod

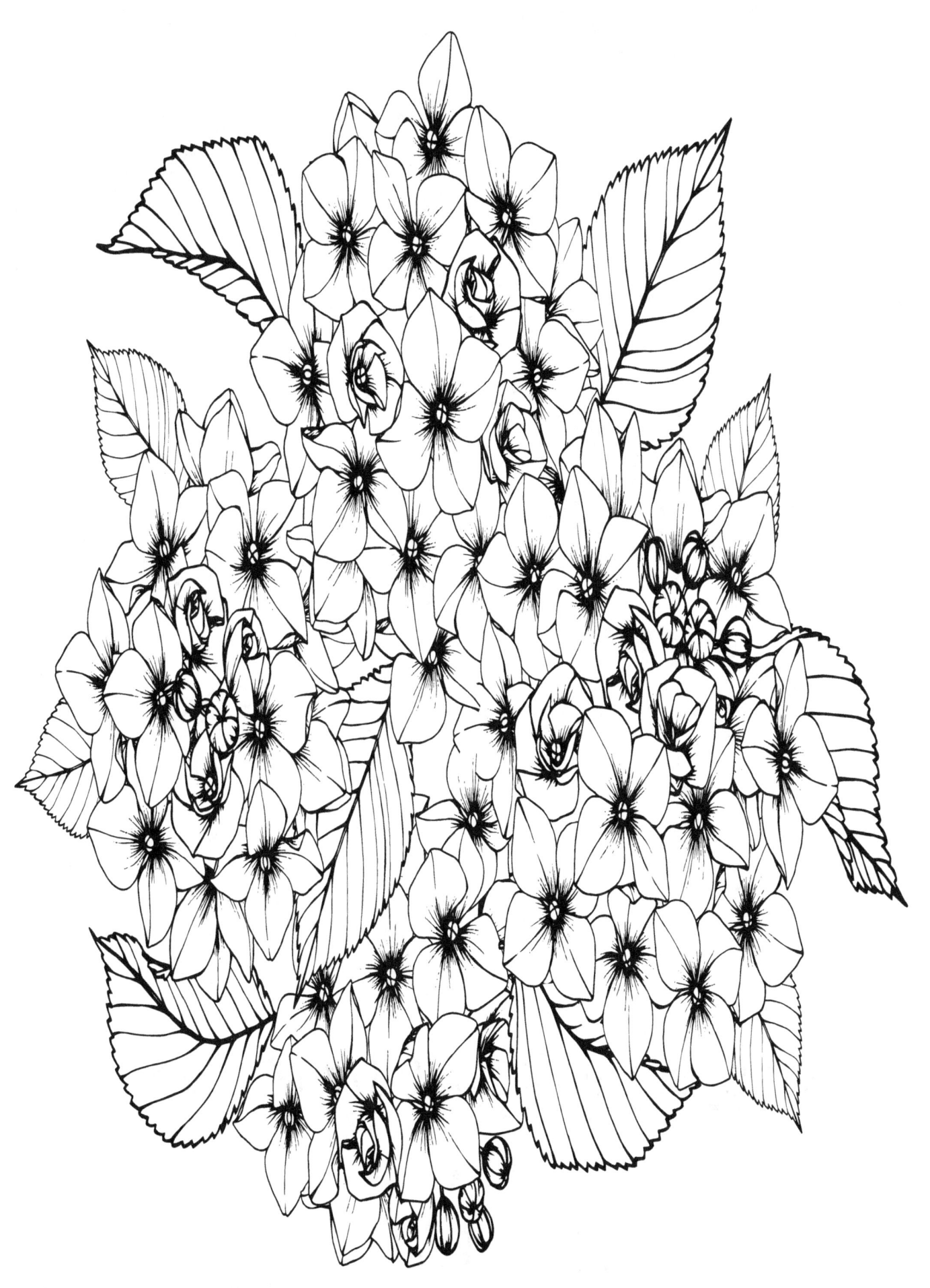

Copyright © 2020 by My Dod

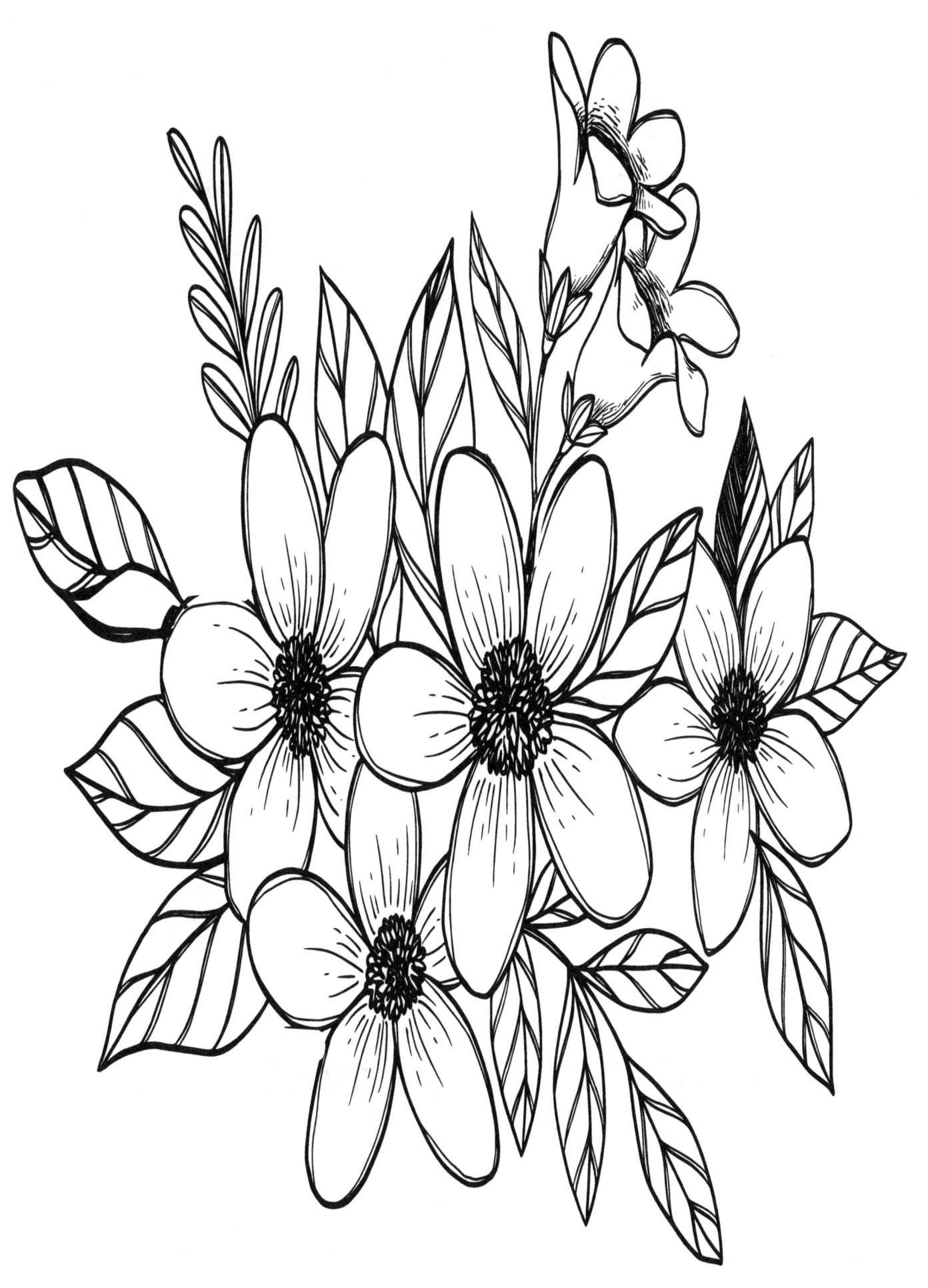

Copyright © 2020 by My Dod

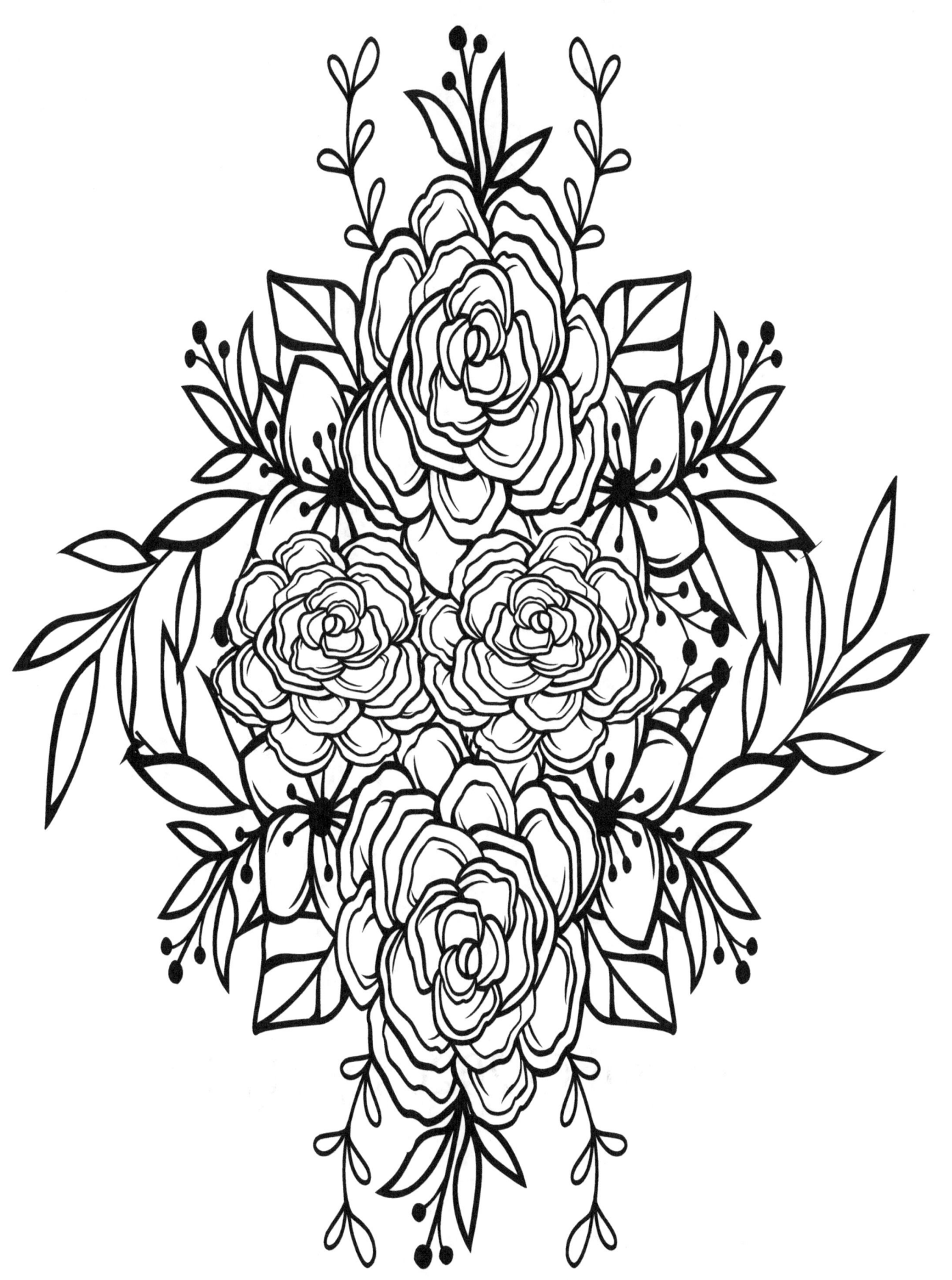

Copyright © 2020 by My Dod

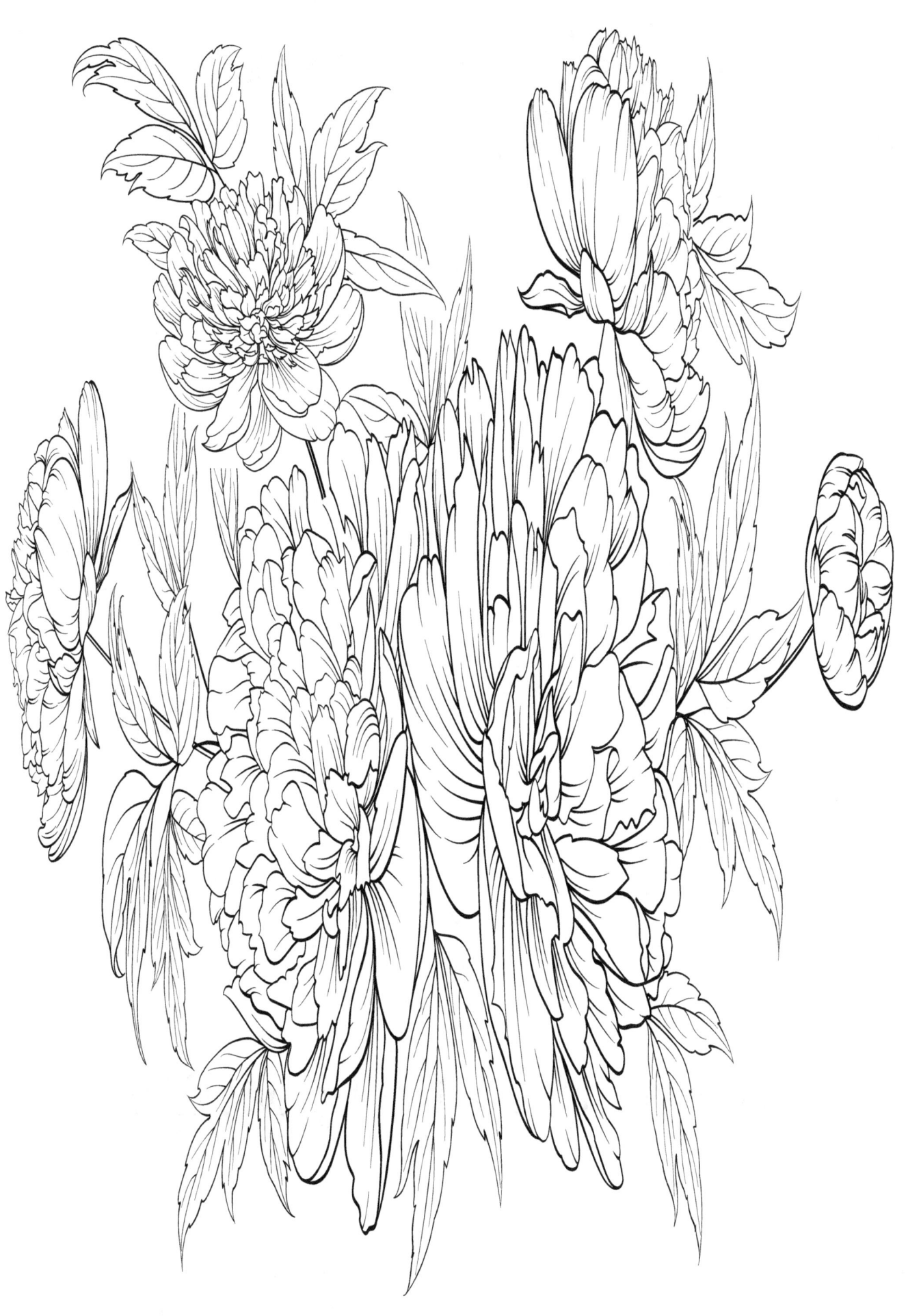

Copyright © 2020 by My Dod

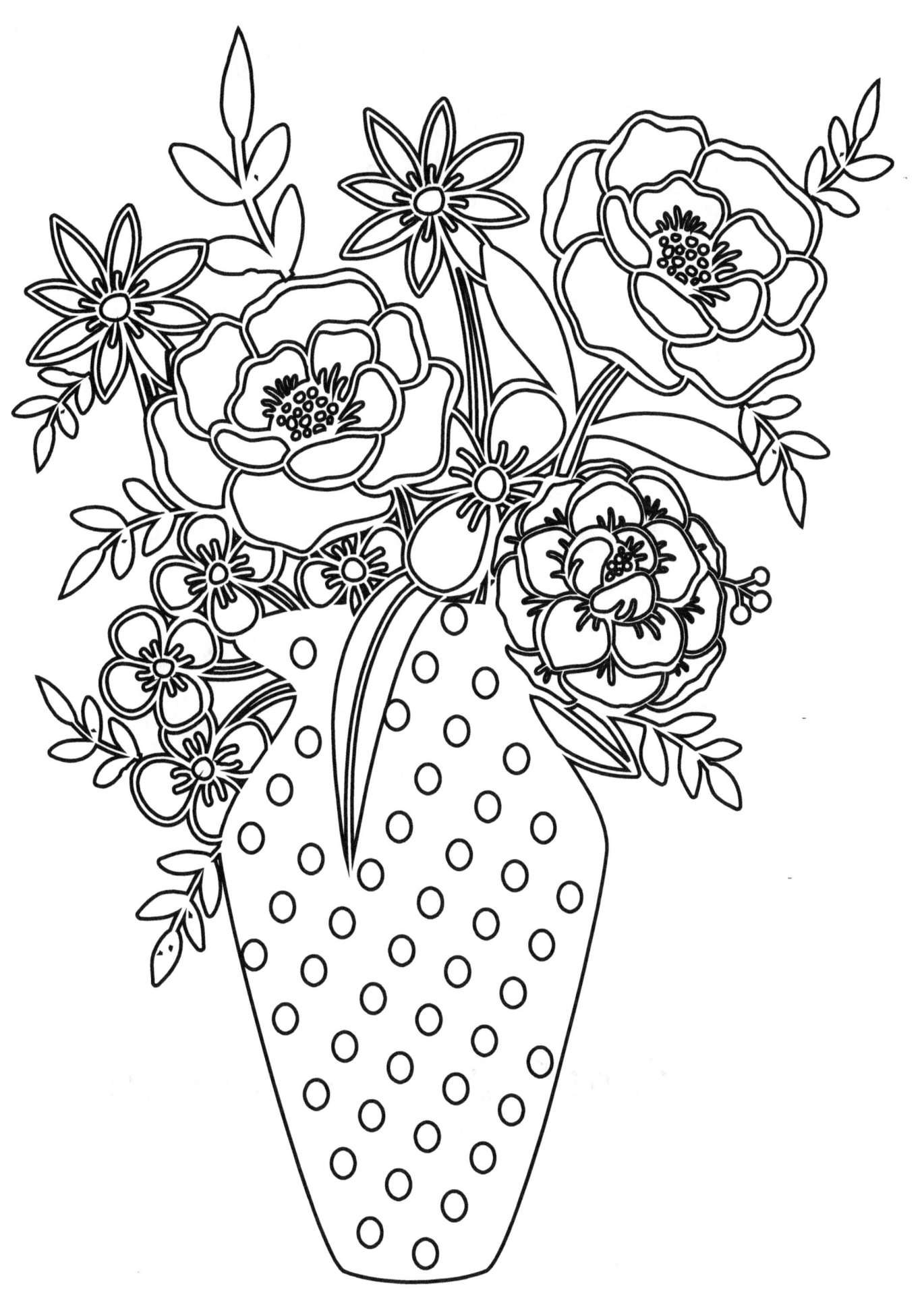

Copyright © 2020 by My Dod

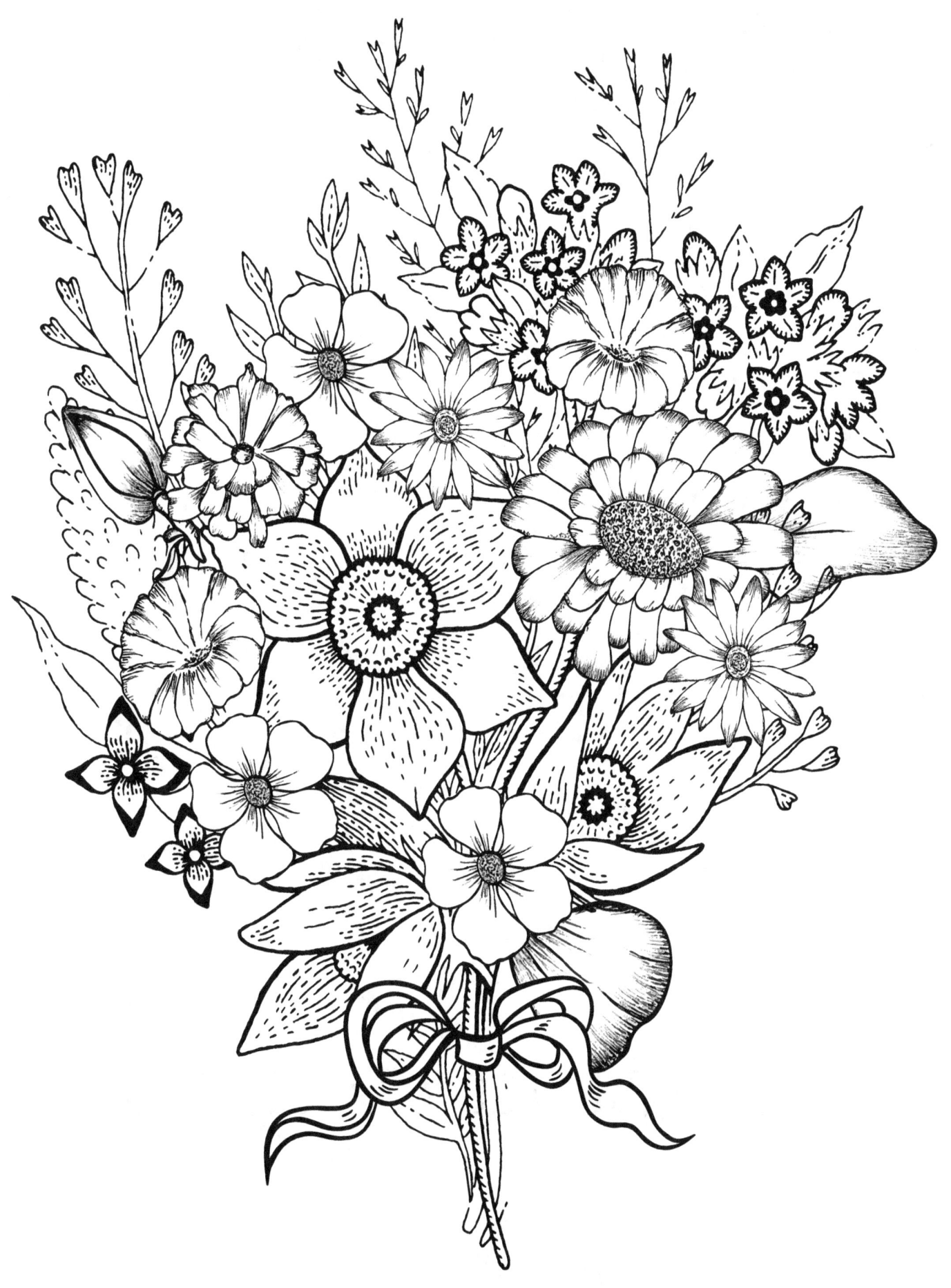

Copyright © 2020 by My Dod

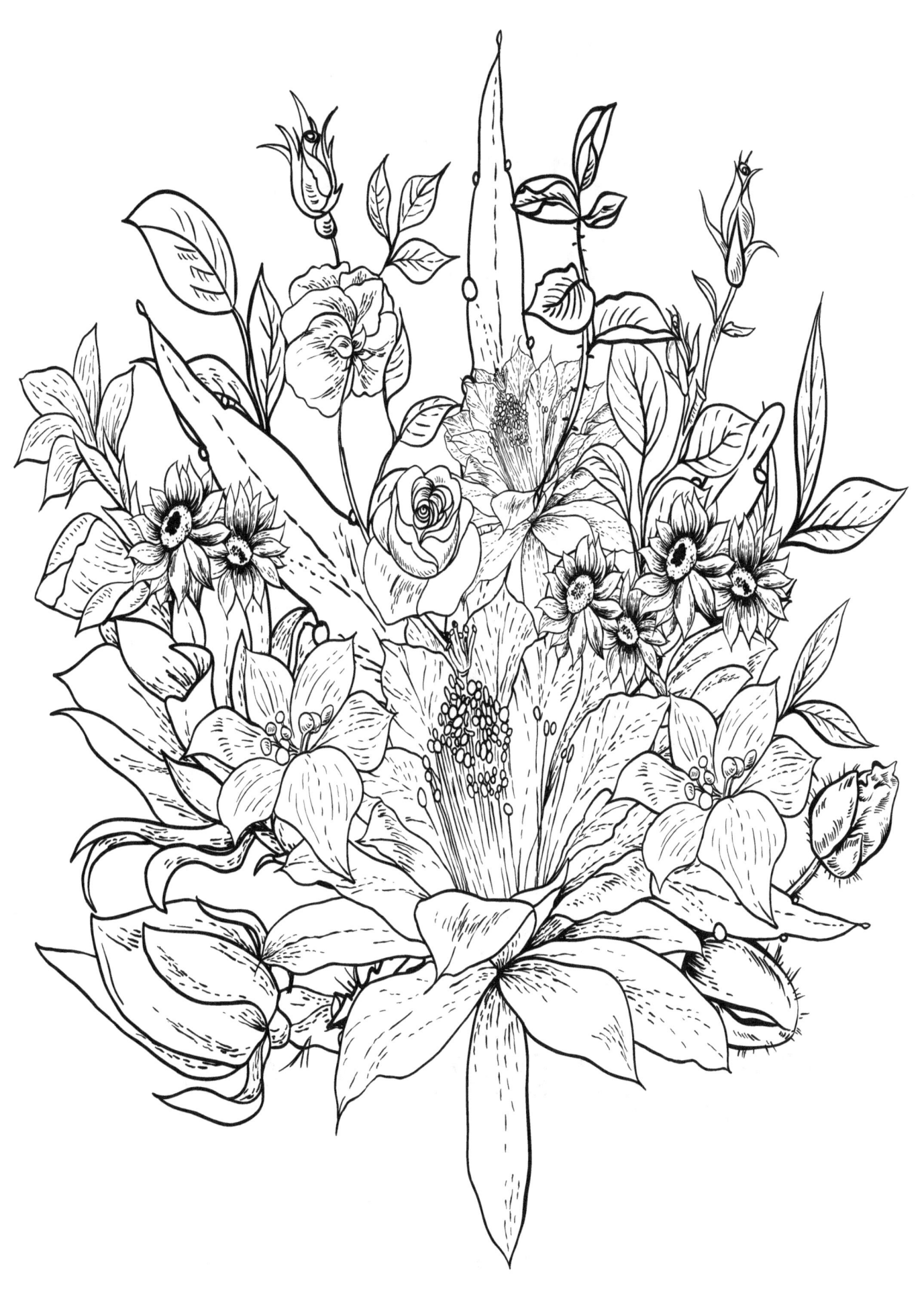

Copyright © 2020 by My Dod

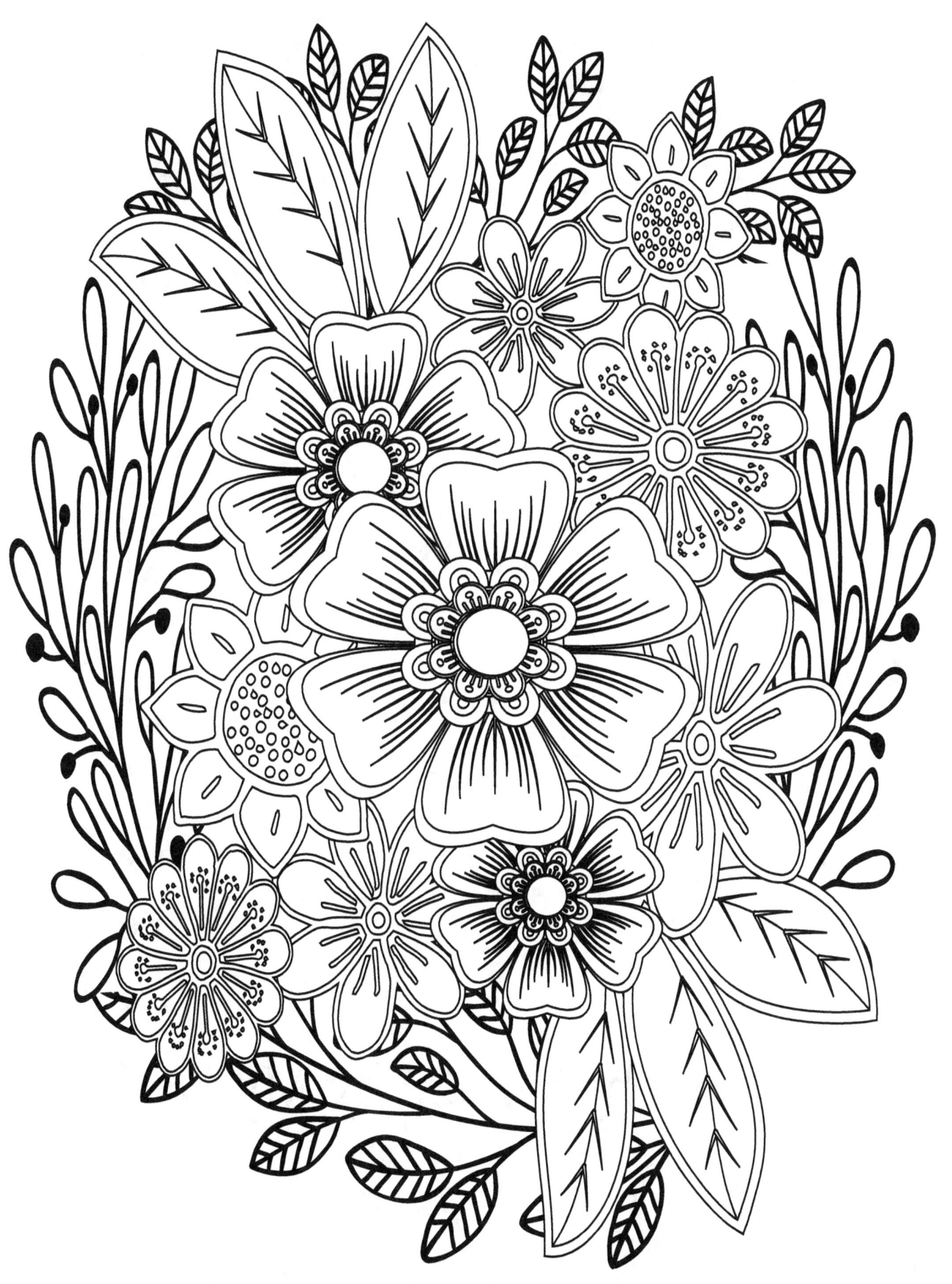

Copyright © 2020 by My Dod

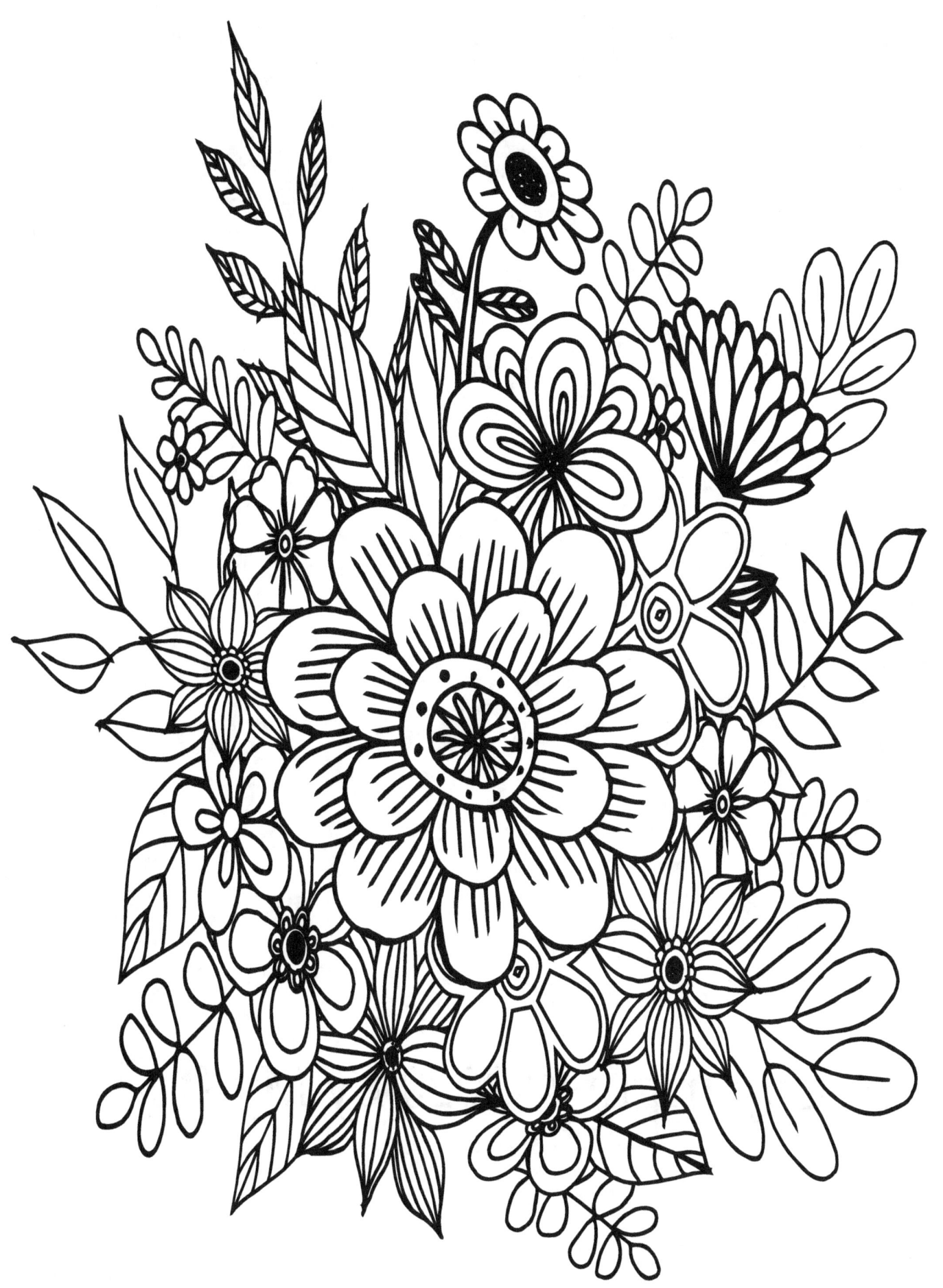

Copyright © 2020 by My Dod

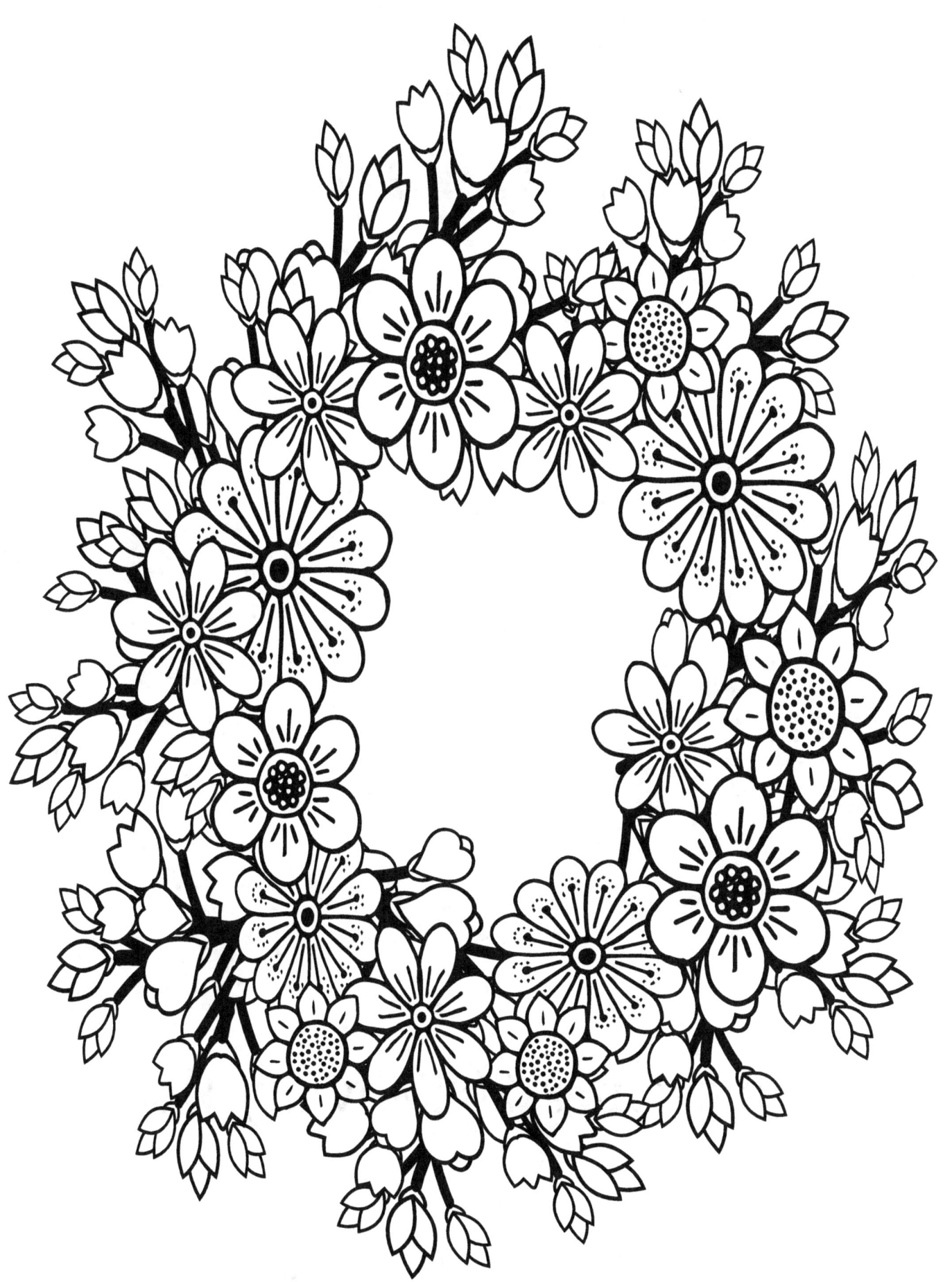

Copyright © 2020 by My Dod

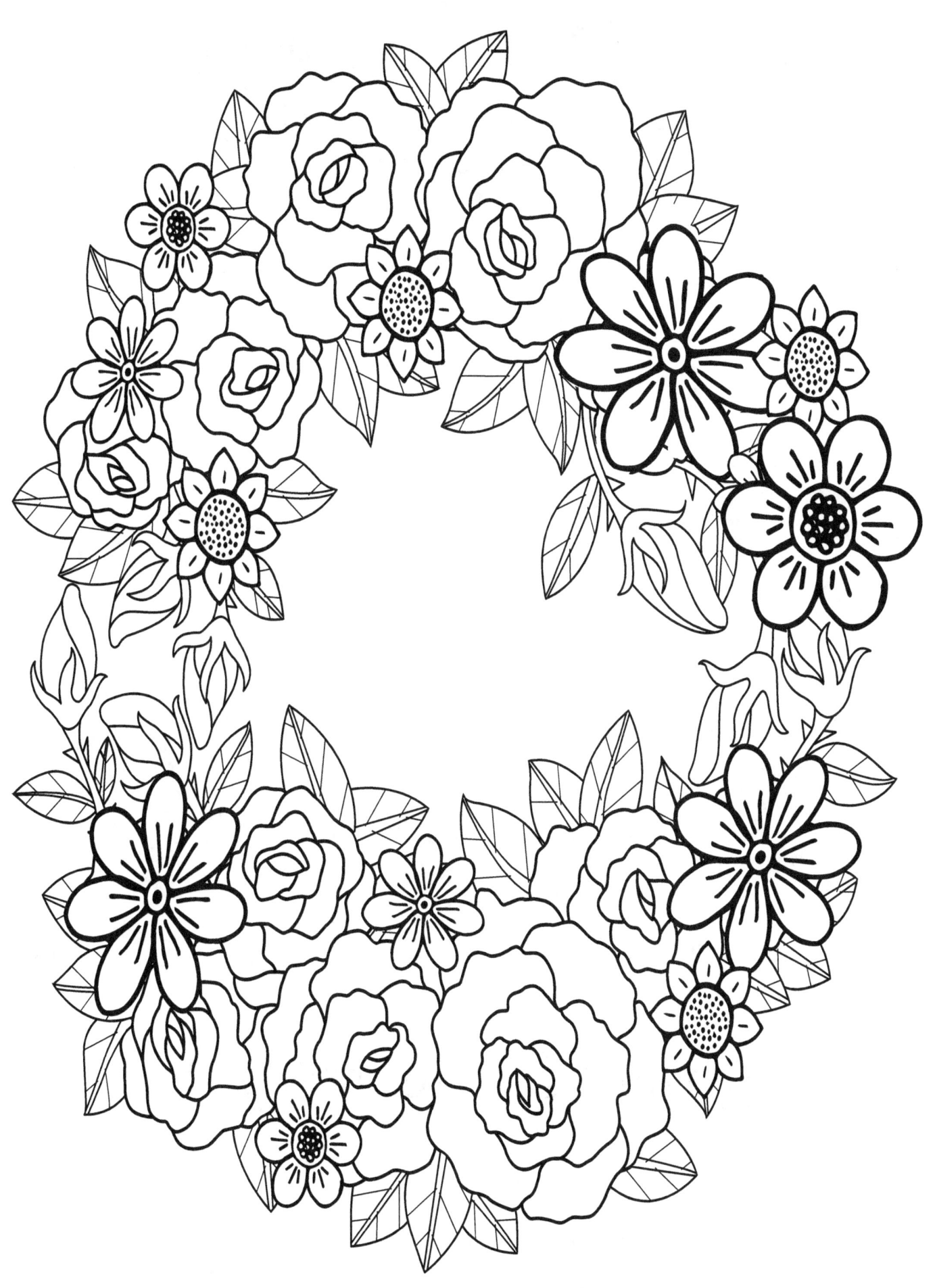

Copyright © 2020 by My Dod

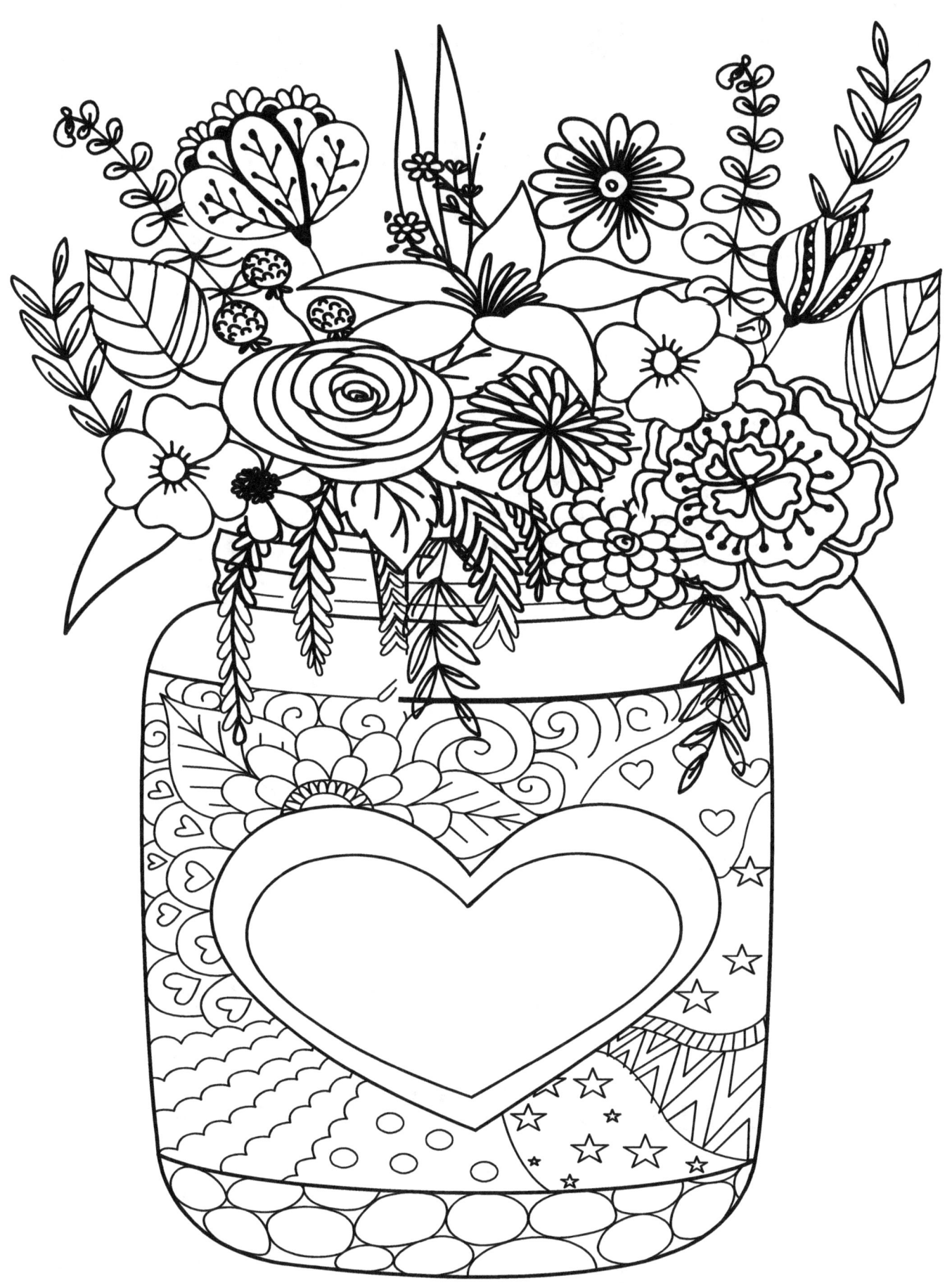

Copyright © 2020 by My Dod

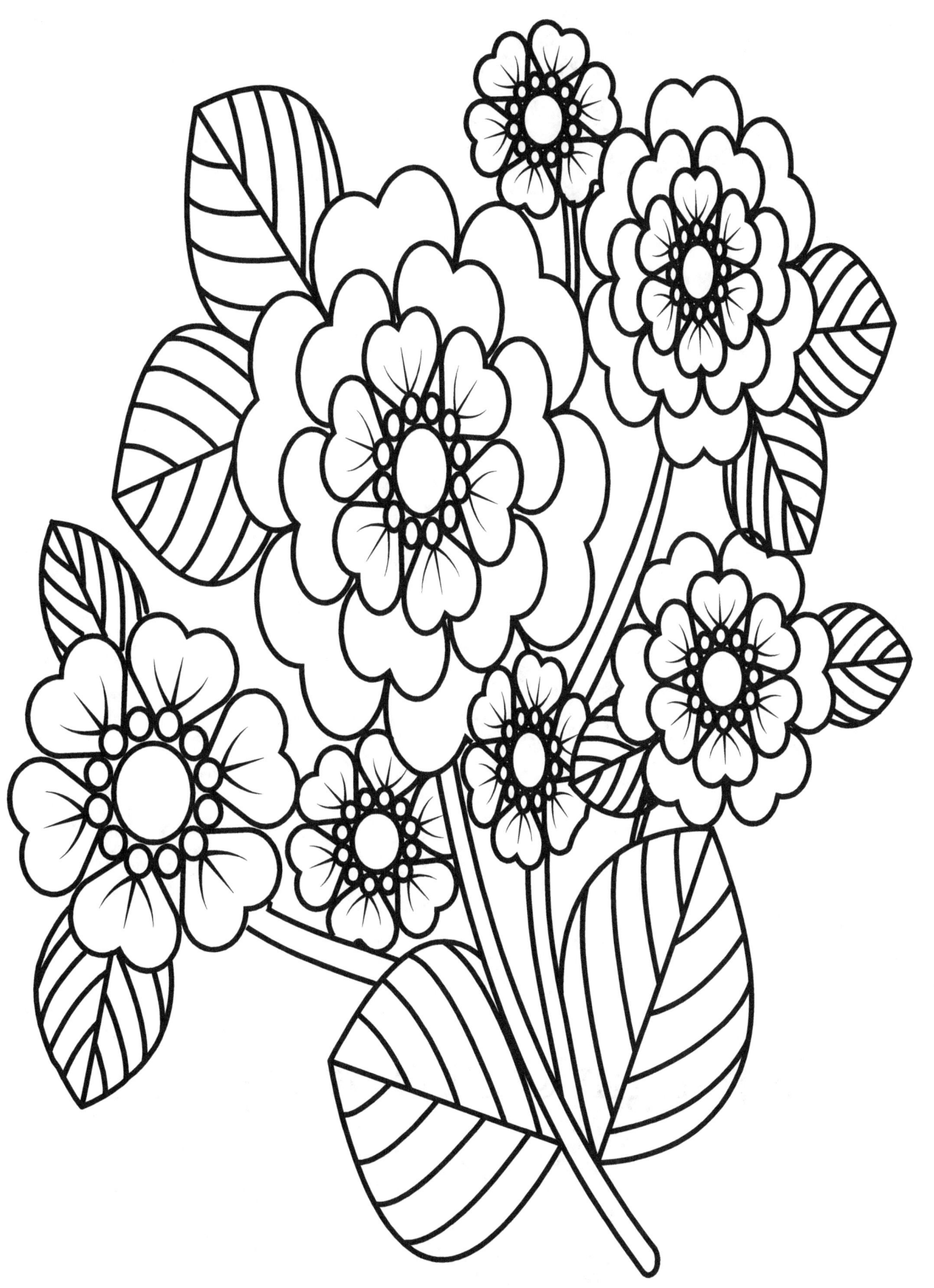

Copyright © 2020 by My Dod

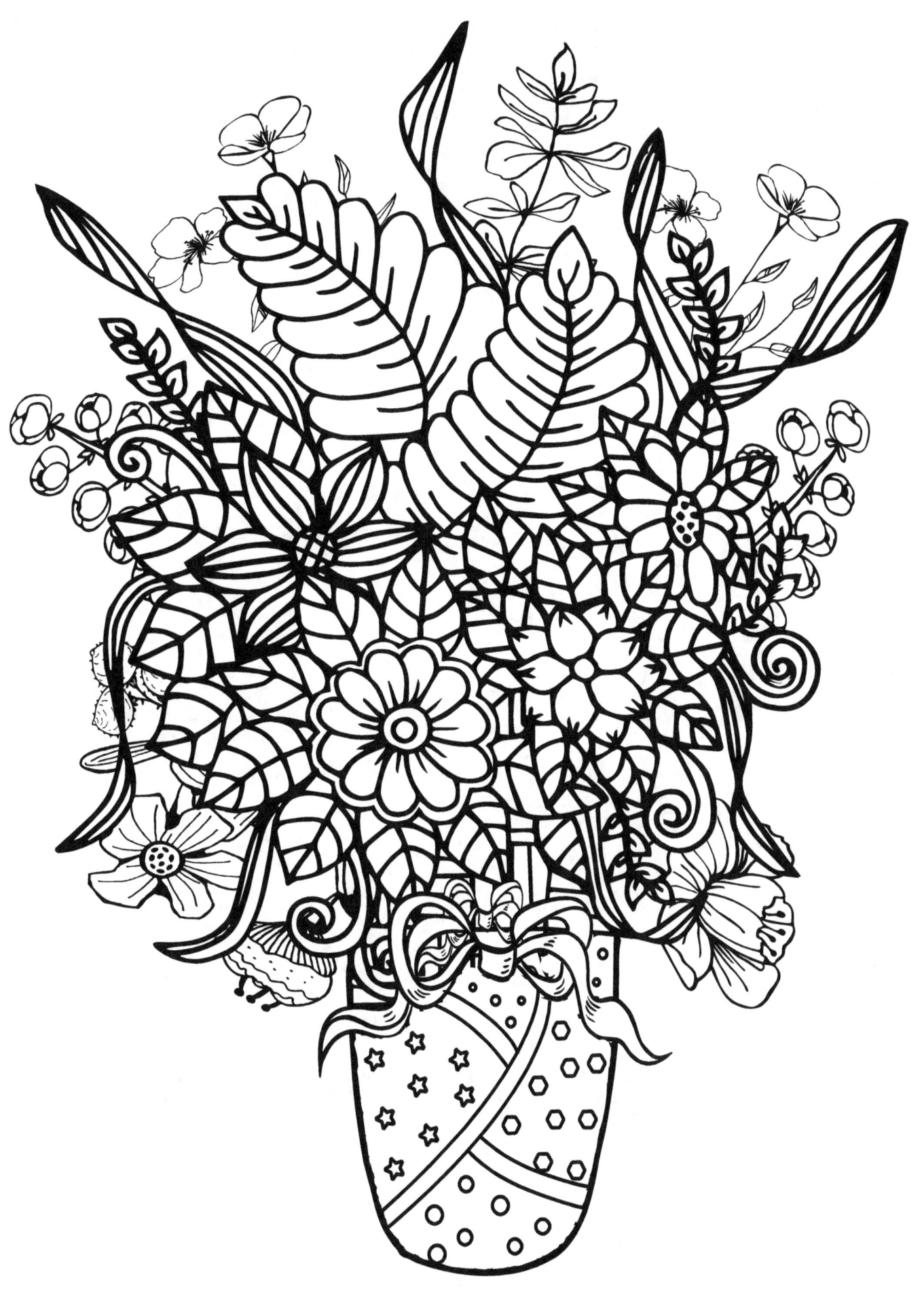

Copyright © 2020 by My Dod

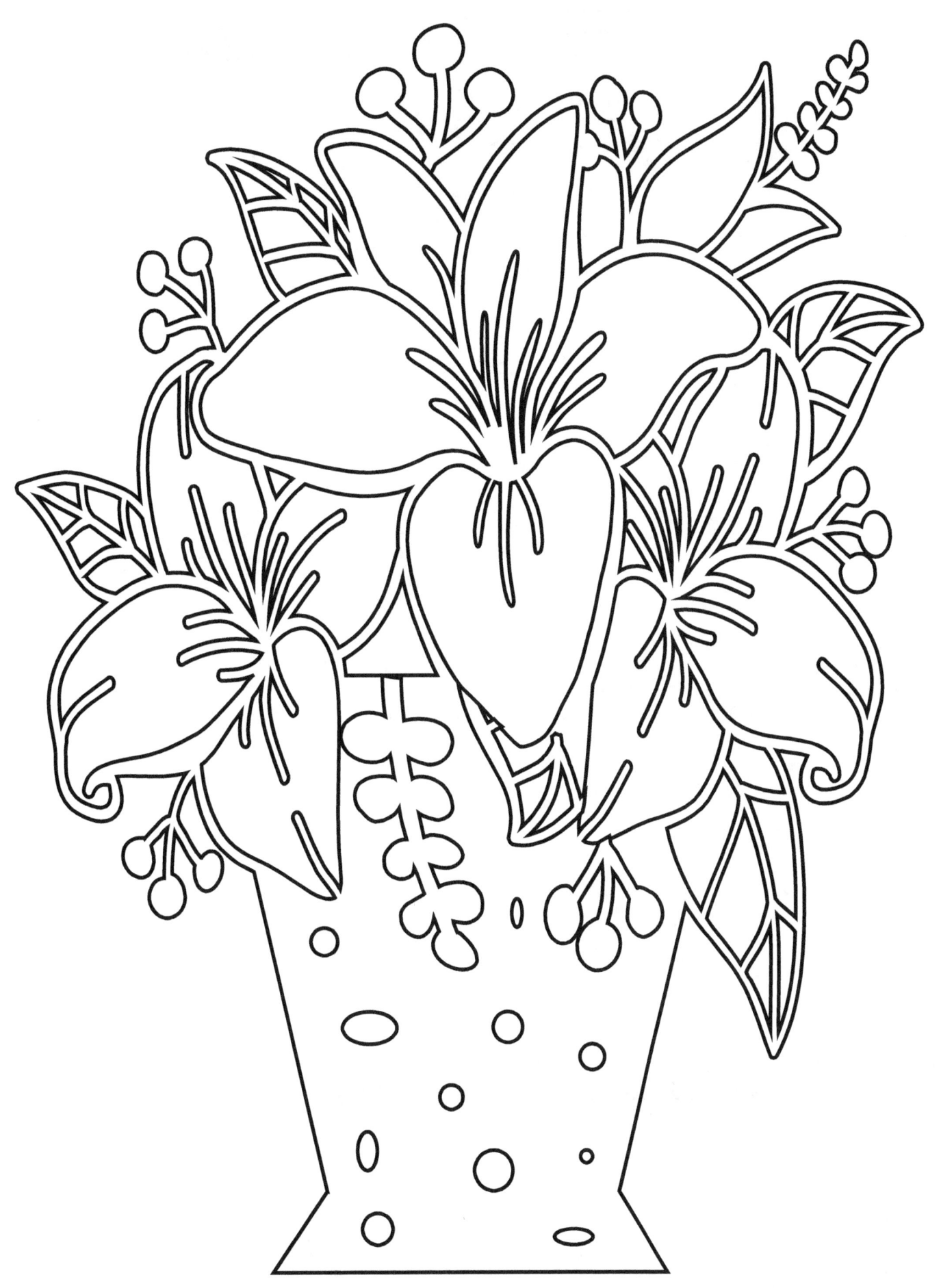

Copyright © 2020 by My Dod

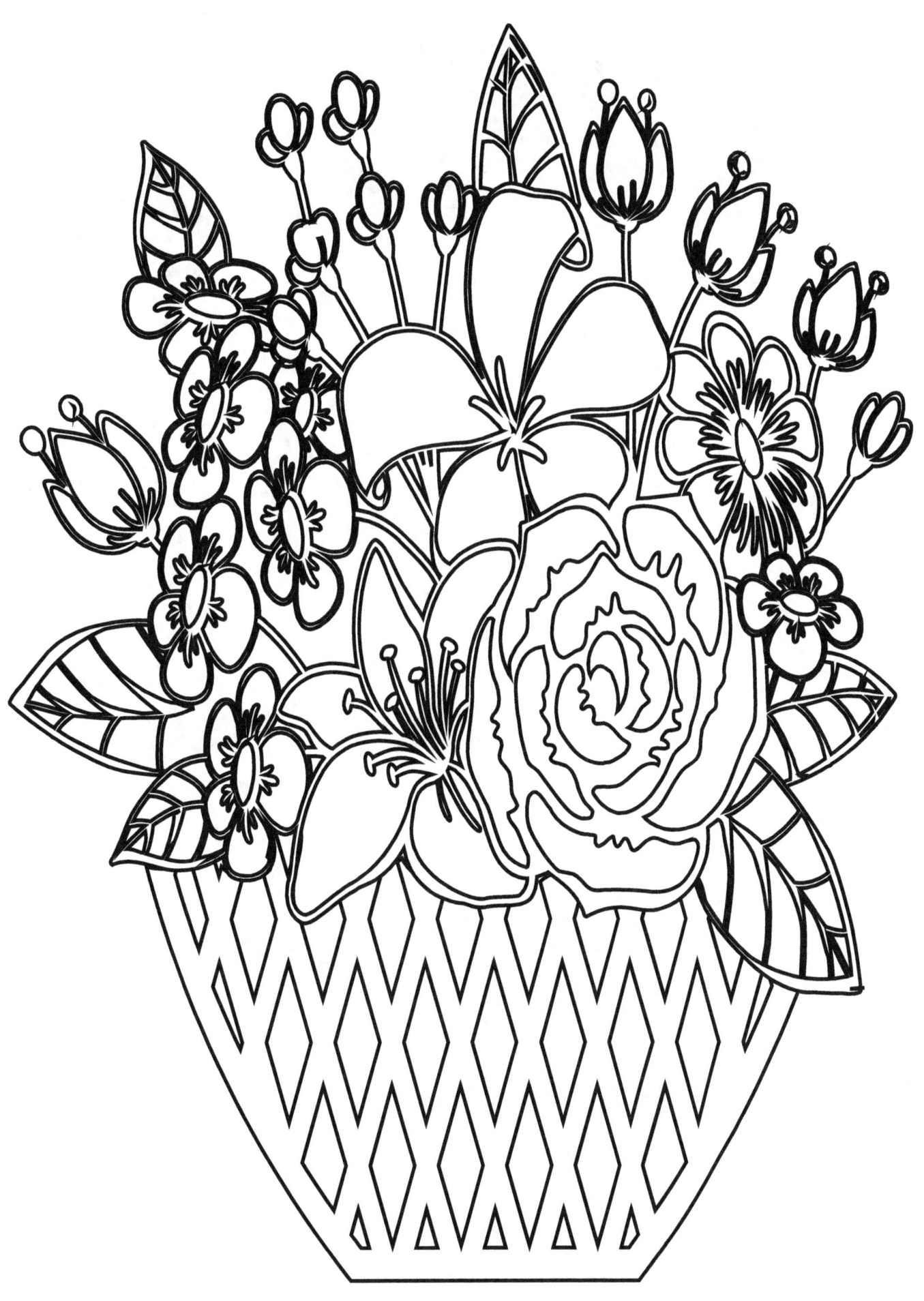

Copyright © 2020 by My Dod

www.ingramcontent.com/pod-product-compliance
Lightning Source LLC
Chambersburg PA
CBHW060435220526
45465CB00008B/3151